霊の正体

那須　聖

Kiyoshi Nasu

たま出版

はじめに

人間をはじめ原始的な単細胞生物を含む生きとし生けるものは、霊ないしその萌芽のようなものと、肉体ないしその萌芽のようなものとが合体した状態にある。肉体は、霊が身にまとっている衣服、あるいは霊が何かしようと決意した場合に、それを行うために使う道具のようなものであるから、霊の方が生物の主体であって、肉体は霊の従属物である。

霊ないしその萌芽のようなものと、肉体ないしその萌芽のようなものとが完全に分離すると、その生物は死ぬ。人間が死んだ場合には、霊魂不滅といわれているように、その霊は霊界（天国および地獄から成る）へ行って生き続けるか、輪廻転生してもう一度人生を送ることになるが、肉体の方は朽ちて土に返る。

ところが、人間以外の生物が死ぬと、その霊ないし霊の萌芽のようなものは、人間の霊よりもよほど希薄であるために、徐々に消滅してしまうが、肉体の方は、人間の場合と同様、腐食して土に返る。

このように、霊の方が肉体よりもはるかに重要であるにもかかわらず、小、中、高校の科目の中には、肉体に関するものは多いが、霊に関するものは皆無である。その理由はどこにあるのだろうか。

今から三百数十年前に、世界は自然科学万能時代に入った。この時代の人々は、自然科学的方法でとらえられないものは存在しないと考えていた。自然科学的方法でとらえられるものは、質量、重量のあるものであって、霊には質量も重量もないから、彼らは霊、さらに霊的存在である神は存在しないと考えるようになった。

このために、霊に関する科目はないが、これに近い科目として心理学がある。これは、本来、心に関する学問であったが、心にも質量や重量がないために、科学的方法ではとらえられないから、心理学も長年、科学ではないといって異端視された。そのため、心理学は、科学的方法でとらえられる知覚、感覚、行動など、心の作用を研究対象にするようになった。

しかしその一方で、ごく少数の学者は霊を研究対象とする超心理学の研究を細々と続けてきた。そして、人間が死んでも、心は消えてなくなるのではなく、霊と運命を共にすることも分かってきた。心は霊が肉体と結合している間は存在しているが、両者が完全に分離すると、心は霊の中に隠れてしまう。したがって、心の実体を見極めようとする心理学は、霊の研究をせざるを得ない。それは超心理学である。

超心理学の研究対象は、霊、霊的現象、例えば超感覚的知覚やテレパシー、つまり精神感応術、念力などである。したがって、超心理学は、自然科学万能時代には心理学以上に異端視され、昭和の初期に超心理学に興味を持った東京帝国大学の心理学の教授は、邪道を教えるという理由で罷免になったくらいである。

しかし最近では、研究の最先端をいく宇宙物理学者や天文学者でさえ、霊ないし霊的なものを認めざるを得なくなってきた。二十世紀の半ば以降、電子計算機、コンピューター、望遠鏡など、宇宙開発に関する技術が急速に進歩した結果、宇宙物理学者や天文学者はこれ以上研究する分野がなくなって壁にぶつかり、壁の向こうにあるもの、つまり宇宙や天体はどういう目的で存在するようになり、どのような力が働いて存在しているのかということに関心の焦点を当てるようになった。これはすなわち、宇宙や天体の知性や存在目的という精神的要素に関するものである。しかし、精神的、霊的領域の研究は、科学的方法ではなく、哲学的、宗教的、神学的方法でなければ入っていくことはできない。

やがて、欧米の一部の生物学者および哲学者も同じように考えるようになった。彼らは、その研究対象である生物の背後に、宇宙や天体のように知性や目的が秘められていると考えるようになり、それを〝知的意図に関する学説〟と呼ぶようになった。

アメリカの最もすぐれた精神分析学者であるマイアミ大学のブライアン・ワイズ博士をはじめ、精神病学者の中にも、強度な精神病に悩む患者を治療するに当たって、患者の霊に注目する人たちが増えてきた。患者に催眠術をかけてその霊的体験を追究し、精神病の原因を突きとめることによって比較的容易に治せるようになったからである。このことを記述したワイズ博士の著書は、三冊ともベスト・セラーとなり、邦訳も出ている。

このように、最先端をいく宇宙物理学者、生物学者、精神医学者らは、自然現象の創造目的、存在目的を研究するようになったが、その必然的結果として、万物の創造主といわれる神の存在および神の実態を知らなければならなくなった。

こうして、二十一世紀になると、超心理学が学問の正面舞台に躍り出てきた観がある。数千年前の人々は極めて霊的であったが、その意味で現代は霊的な時代へと戻っていく黎明期にあるといえよう。

本書は、このようなさまざまな霊的現象を組織的に解説した、いわば超心理学概論で、天国や地獄がどういうところであり、どのような人が、将来、どのようにして天国へ入り、どのような人が、どのようにして地獄へ落とされるのかを、信ぴょう性の高い文献を参考に記述した。また、筆者が、霊能者を通して天照大神を名乗る霊や、荒々しく闘争好きで六本の腕を持った阿修羅の神を名乗る霊と面接したことなども、第九章で説明しておいた。

○目次

第二部　霊および霊界

第一部　神の本体と表現

第一章　万物の創造主としての神

人間は、この世に出現して以来、さまざまな概念の神を信じてきた。

科学者たちは、人間は約二十五万年ないし三十万年前に、類人猿が進化して出来たというが、人類の文明が始まったのは言語が発達してからのことで、今から約七、八千年前の旧エジプト時代だといわれている。当時の人々は、現代人には想像もできないほど純真かつ素朴であり、霊的であったから、さまざまなものに神が宿っていると信じていた。嵐が吹いたり、稲光がしたり、雷が落ちたり、洪水で家や田畑が流されたりして、抗し難い大きな力に直面すると、それを神の怒りの表れだと信じて、神を恐れた。また、森林、樹木、山、河、湖、海などにも、それぞれの神が宿っていると信じていた。

このように、彼らは圧倒的に多神教であったが、少数ながら一神教、つまり一人の神を信じていた人々もいたようである。

紀元前一四三〇年に、モーセが神から授かった啓示によって書いたといわれる旧約聖書の創世記によっても分かるように、当時の人々の多くは、部族ごとにそれぞれ固有の神が存在していると信じていたようである。ところが、モーセは啓示によって神は一人であって、その神が万物を創造されたと信じ、そのように記している。これは、ゾロアスター教、ユダヤ教、キリスト教などのように制度化された宗教が出来る、はるか以前のことである。

紀元前九世紀から八世紀にかけての古代ギリシャ時代になると、人々の知識や文化がかなり発達し、多くの人々はモーセと同様、万物の創造主である一人の神を信じるようになった。

一方、日本では原始社会の時代からずっと多神教であった。現在でも、日本国民の間には八《や》百万《およろず》の神という概念が残っている。そして、死者の霊を神と呼んで、神社、仏閣に祀《まつ》る。国家のために戦死した人々の霊を神として靖国神社や護国寺などに祀ったりする。また、太平洋戦争で降伏するまで天皇を生ける神として崇《あが》めていたが、戦後、昭和天皇ご自身が、天皇は神でないことを宣言された。これらは、万物の創造主である一人の神とは全く異なった概念の神である。

現在、世界には、神からの啓示に基づいて出来たといわれる啓示宗教が三つある。ユダヤ教、キリスト教、イスラム教がそれで、信徒の総数は世界総人口の五五パーセントを占めているが、いずれも万物の創造主としての一人の神を信じている。しかし、前二者はそれをエホバと呼んでいたのに対し、後者はアラーと呼び、その属性にも多少の違いがある。

なお、紀元前五世紀頃、お釈迦様が説いた教えに基づいて出来た仏教は、一部の宗派に、いわゆる神に関する概念はあるが、ヒンズー教にはインド民族固有の先祖崇拝、偶像崇拝、汎神論哲学など、さまざまなものが渾然《こんぜん》と取り入れられているために、神についての概念は三大啓示宗教ほどはっきりしていない。

本書では、特定の宗教、宗派にとらわれることなく、世界人口の半数以上が信じている万物の創造主である一人の神について考えていきたい。

神は絶対的かつ霊的存在

　宇宙を含む万物を創造された神は、すべてのものを超越した絶対的かつ霊的存在であられ、全知全能にして、あらゆる所に遍在しておられる。また、人間に人格があるように、神には神格ないし神性がある。その最も重要な特性は愛であり、次いで真、善、美、聖の極致であり、万物の創造に当たって常により高い調和と秩序と統一と平和とを志向しておられる。

　ところで、宇宙は今から百三十七億年前に起こった大爆発（ビッグ・バン）によって出来たという説が一般に受け入れられているが、そのビッグ・バンは神が起こされたものであって、それによって、それ以前にはなかった時間が始まり、空間が出現するようになった。

　こうして神は時間、空間をつくられたが、神ご自身は時間、空間を超越した存在であられるから、神には過去、現在、未来の区別はなく、永遠の過去から永遠の未来にわたって存在し、創造を続けておられる。中世の神学者セント・オーガスティンは、神が時間を超越し、したがって過去、現在、未来の区別がないことについて、「神は永遠の今におられる」と言った。そして、人間が持っている時間に代わるものとして、神にはさまざまなものの変化、変遷、順序、秩序があると考えられるとしている。

それでは、神はいつ頃から存在しておられるのだろうか。神はビッグ・バンを起こして宇宙をつくられ、空間をつくられ、時間を始められたのであるから、少なくともビッグ・バン以前、時間が始まる以前、つまり悠久の過去から存在しておられることになる。

神は、ビッグ・バンによって、物質面では、大はすべての天体、星雲を含む宇宙、地球上にある自然や人間を含む諸々の生物、さらに小は陽子、電子、中性子などを含むあらゆる物質、また霊的な面では、人間および生きとし生けるものの生命、霊、魂、心、精神、感覚、天国などを創造された。神は絶対的存在であり、全知、全能であられるから、これら万物を完璧な計画に基づき、意図されたとおりにつくられており、誤りや修正や無駄などは一切なく、そこには神の英知や意図がそのまま表現されている。

このように、万物は神の被造物である。したがって、神には我《が》が全くない。また、神が宇宙を創造されたと過去形にするのも正確ではなく、神は永久に創造を続けておられるのである。

このことについて、日本が生んだ偉大な哲学者、西田幾多郎博士は、名著「善の研究」の中で、いみじくも次のように述べている。

「神は宇宙の根本であり、神と宇宙との関係は、本体と表現との関係である。つまり、宇宙を含むありとあらゆるものが神の表現であって、そうでないものはなく、われわれはすべてのものの根底に神の霊光を拝することができる」

神が万物の創造主であるということは、すべてのものが神の表現であり、自己そのものであって、自己以外のものは何もないことになる。ゆえに、神には自己意識もなく、したがって我《が》もない。すべてのものが赤であって、赤以外のものがないとすれば、われわれがそれを赤だと認めることがないのと同じである。

神を擬人化することは誤り

神には、過去もなければ未来もない。だとすれば、神は時間的に過去につながる記憶を超越しておられることになる。神は永遠の今に、おられるから、今につながる満足感とか喜びのような感情は持っておられるかもしれない。しかし全知であって、すべてのことを知り尽しておられるし、全能であって、できないことは何もないのであるから、神には悲しみや後悔、怒り、嘆きというような人間的感情は一切ないのである。

ところが、聖職者の中には、神の怒りとか、憤りとか、嘆きなどと言う人が多いし、聖書の中にも、そのような表現がしばしば出てくる。

　顕著な例を一つ挙げれば、創世記六章五節から七節にかけて、「主（神）は、地上に人の悪が増大し、その心に図ることがすべて悪だけに傾くのをご覧になった。そこで主は地上に人をつくったことを悔やみ、心を痛められた。そして仰せられた。私が創造した人を地の面から消し去ろう。人をはじめ、家畜や這うもの、空の鳥に至るまで。私はこれらをつくったことを残念に思うからだ」と書かれている。

　しかし絶対的存在であり、全知全能であられる神には、思い違いや失敗などはあり得ず、すべてのことが意図どおりに必ず成就されるから、悔やまれることも、心を痛められることも、また残念に思われることもあり得ないはずである。したがって、このような表現は、神を人間に擬したものであって、素人には分かりやすいが、厳密にいえば正確な表現でないばかりか、神の絶対性と全知全能とを認めない結果になる。つまりそれは、相対的な人間的概念を絶対的存在であられる神に当てはめようとすること、すなわち絶対的存在であられる神を、相対者である人間のレベルに格下げすることになって、神に対する冒瀆《ぼうとく》を意味する。したがって、厳密に、また論理的にいえば、聖書にあるこのような表現は間違いであるといわねばならない。

神は信ずべきもの

相対的存在である人間は、言葉を通してものを考え、理解し、表現し、意思の疎通を図る。言葉がなければ、考えたり意思の疎通を図ったりすることはできない。しかしその言葉は、三次元の空間に時間の次元を加えた四次元の空間でつくられた相対的なものであって、絶対的存在であられる神や四次元を超越した霊界のことを説明するには、極めて不適切かつ不十分な手段である。そのため、それらを理性的に理解したり認識することは到底できない。

つまり、われわれは神や霊界のことを知性だけで的確に理解し、認識する術を持っていないのである。完全色覚障害の人は、すべてのものを濃淡のある灰色で見ていて、ものの色を的確に知る手段を持たないから、さまざまな色を正確に知ろうとしても、絶望的であるのと同様である。

ところが、完全色覚障害の人でも、周囲の人々からリンゴは赤く、バナナは黄色いと教えられると、自分が見て感じている灰色の濃淡からそれらの色をある程度想像し、推測できる。同様に、人間は神を正確に知ることができなくても、自分で考えたり、神の被造物、つまり神の表現を観察することによって、不正確ながら神についてある程度の概念ないし知識を得ることができる。

さらに、多くの人々からさまざまな考えや意見を聞いたり思索を重ねたりするうちに、その概念をより正確なものへと近づけることができる。また、後に述べるように、多くの人間は霊界と交流した経験を持っているが、これも神を知る上で重要なことである。

しかしそれでも、知性だけで神を正確に完全に知ることはできない。われわれ人間は、神そのもの、神の本体を認識することができない宿命にある。神は霊的存在であられるから、われわれは理性、思考を停止して、霊的能力によって神を信じなければならない。霊界についても同様である。

人間の中には無神論者もいる。彼らは得々として神などは存在しないと言って、神を信じている人々を軽蔑する。そういう人たちはいずれも、傲慢のあまり、理性の世界が唯一の世界だと思い、そこから一歩も出ようとしない。これでは、神や霊界のことが分かるはずがない。彼らは、この世以外にわれわれにとって、もっと重要な存在（神）があり、もっと重要な世界（霊界）があることを知り得ない不幸な人々なのである。

ただ、神はあくまで信仰の世界に属するため、神の本体、あるいは神の属性ないし表現について述べる内容についても、どの書物が絶対に正しいとはいえない。本書も同じである。それゆえ、筆者としては、できるだけ正確に近いと考えられる事柄だけについて述べておきたい。

聖典の読み方

ところで、三大啓示宗教のうち、ユダヤ教は旧約聖書を、キリスト教は旧約聖書と新約聖書を、またイスラム教はコーランの他に、旧約聖書の中でモーセが書いたといわれる五書と、ダビデの詩篇、さらに新約聖書のマタイ伝、マルコ伝、ルカ伝、ヨハネ伝の四福音書を教典としている。

筆者は、六十年近くジャーナリスト――新聞記者、論説委員、評論家――を職業とする一方で、超心理学をもう一つの専門分野としてきた。よって、この立場から聖書を含む聖典を理解しているので、神学者や聖書学者の理解とは異なる点が多々ある。本書の中で引用した聖書の箇所は、筆者が、神からの啓示に基づいて書かれたものだと判断した部分だけを引用したつもりである。

旧約聖書に収められている三十九の書は、紀元前一四〇〇年から紀元前一〇〇〇年の間に複数の人がヘブライ語で書いたものだとされている。そのはじめにある創世記、出エジプト記、レビ記、民数記、申命記の五書はモーセが書いたといわれているが、多くの神学者や聖職者らは、その中に矛盾したことやモーセの死後のことまで書かれているため、全部をモーセが書いたのではなく、加筆、訂正した人がいたと見ている。したがって、そのすべてを文字どおりに解釈すると誤ることがしばしばあろう。

当時は、文字を書ける人は少なく、また内容が誇張されたり、ゆがめられたりしたはずである。また、当時の人々は、現代人よりもはるかに単純、素朴、霊的で、霊界にいる霊や天使たちともしばしば交流していたといわれるから、聖書の中には霊的な見地から書かれた箇所が多々ある。また、中には、神あるいは天使の意思を霊媒が手を貸して自動的に書かせた、いわゆる自動書記による箇所もあるといわれている。それを現代人が現代の文化を背景に解釈すると、誤りを犯しやすい。文化や科学が進歩した現代人は、霊的な見地からではなく、物質的、世俗的見地からものを読んだり解釈する傾向が強くなっているから、聖書の原著者の意図とは違った解釈をしがちである。

さて、創世記のはじめに、神は人間を土の塵からつくられたとあるが、生きた人間は霊と肉体とが合体した状態にあって、創世記の著者は、肉体のことを土の塵でつくられたものと述べたのである。人間の主体はあくまでも霊であり、肉体は、すでに述べたように、霊が人間として生きている間に身にまとっている衣服のようなものにすぎない。したがって、肉体は霊よりも重要度がはるかに低いから、比喩的に土の塵と表現したのであって、いくら現代人でも、これを文字どおり土の塵と解釈する人はいないであろう。

これについて、人類の中で最も不思議な人物だといわれているエマヌエル・スウェーデンボルグ（一六八八—一七七二年）は興味深いことを述べているが、その手記の内容に入る前に、彼がどういう意味で不思議な人物であったかを簡単に説明しておこう。

スウェーデンボルグは、スウェーデンの首都ストックホルムで牧師の子として生まれ、八十四歳のときロンドンで客死したが、その生涯を通して、九カ国語に精通し、神学、科学、数学、哲学、鉱山技術など、広い分野で天才的能力を発揮した。その当時にノーベル賞があったら、間違いなく多くの分野で受賞したであろうといわれている。

彼が不思議な人物だといわれる理由は、人類史上誰も持ち得なかった特殊な霊的能力を身につけたことである。それは、自らの意志で自分の霊を肉体から離脱させて霊界を探訪し、さまざまな霊と会話をしたり討論した後、再び自分の肉体に戻って、見聞したことを書き留めるという技能である。彼は生涯の最後の三十年間をロンドンで過ごし、もっぱらこの特殊技能を生かす仕事に没頭した。霊界を訪れている時間は、短いときで二、三時間、長いときでは数日間に及んでおり、その間、彼の肉体は仮死状態にあったという。

その見聞記は約五十冊の本になっており、一部は大英博物館に保存されている。なかでも最大の力作は、「天国と地獄」であり、ついで「霊界日記」である。「天国と地獄」は、日本では禅の研究で有名であった鈴木大拙博士が明治の晩年に初めて日本語に訳して以来、数名の人が訳している。

スウェーデンボルグは、ヘブライ語を独習して原語の聖書を詳しく調べた結果、霊あるいは霊界に関することが随分多く書かれていたことに気づいたという。そして、創世記の中に「神最初に天と地をつくりたまえり。さらに光あれと仰せられて光が出来た」とあるが、この天は自然界の天ではなくて、人間の霊的側面を指したものだという。

また、人間には霊的側面として霊、魂、精神、心、感覚などがあり、肉体的側面には肉体の感覚、頭、胴、上肢、下肢などがあるが、創世記に出てくる天は、その霊的側面の中の、霊そのものを指したものであるという。同様に、光も物理的な光ではなくて、神から出る生命の根源ないし知性、あるいは英知を指したものだという。しかし、彼は時として天を霊界、その中でも天国の意味に解釈し、地は宇宙全体を含む物質界を意味しているとも解釈している。

このように、聖典の読み方に関しても、彼と現代人との間にはかなりの隔たりがある。

一方、新約聖書は二十七の書から成っており、そのはじめに、先に述べたように、マタイ伝、マルコ伝、ルカ伝、ヨハネ伝という四つの福音書がある。これらは主としてイエスの福音ないし言行を述べたもので、マルコ伝は西暦七〇年ごろに、マタイ伝とルカ伝はそれから十五年ないし二十年後に書かれたとされており、この三つは内容に共通点が多いために、共観福音書とも呼ばれている。

これらの中で、ヨハネ伝の著者ヨハネだけがイエスの直弟子の一人であったから、その内容は一番事実に近いかもしれないが、他の三つの福音書に比べると、はるかに理論的、ないし神学的である。彼はヨハネの黙示録の筆者でもある。

事実を正確に、公正に書くことを職業としている新聞記者が数名、ある事件の現場へ行って、それを記事にしたとしよう。それらを比較してみても、全く同じものはまずない。ニュアンスの違いだけでなく、事実の違いもしばしばあるし、主観が入ったものもあるのが普通である。ましてや新約聖書は、事実を正確に記述したり、記録をとったり、その記録や情報を保存する方法が発達していなかった時代に書かれたものであるから、間違いも多いことであろう。

また、聖典の翻訳にも問題がある。旧約、新約聖書ともに、その後ドイツ語、英語、フランス語、スペイン語などに訳されたが、いずれもその時代の社会的、文化的背景のもとで訳されているから、原書の意味からずれていることもあり得る。日本語訳も、直接原語からではなく、主として英語ないしドイツ語訳から訳されたものであるから、原著者の意図がさらに歪められた部分も多いに違いない。また、日本語訳は最初文語体に訳され、最近では口語体のものも出ているが、それらを比べてみても、違った意味に受け取れるところがかなりある。したがって、これらのことを念頭において聖書を読んだり解釈したりする必要があろう。

イスラム教の聖典コーランは、モハメッドが四十歳の時、天使ガブリエルを通して、アラーの神から与えられた啓示を記したものだといわれているが、最初から最後まで啓示によるものだと解すべきではないであろう。最近では、イスラム原理主義者、あるいは過激派の連中が、彼らの政治的意図を遂行する上で都合がよいようにコーランを解釈し、その本来の趣旨を踏みにじっている節がある。しかもそのように曲解した上で、彼らの政治目的をアラーの神の願いであると称して正当化しようとしているが、そうすることによって、結果的にはアラーの神を冒瀆している可能性もある。

聖書や教典に関する解釈は万事この調子であって、それらが書かれた当時の人々と現代人とは、聖書や教典の読み方、解釈の仕方がかなり違っているため、原著者たちの真意を正確に理解することは甚だ困難であると言わざるを得ない。

それにもかかわらず、聖書は世界のすべての言語に訳されているだけでなく、世界で最も多くの人に読まれ、近年でも年に二億冊は出ているといわれる。このことは、聖書には、どの時代、どの社会にも通用する重要な真理が含まれていることを意味するもので、そういう点は十分尊重しながら、それを読み、かつ咀嚼《そしゃく》する必要がある。ことに聖書のある部分は神からの啓示に基づいて書かれたものであるだけに、神および神と人間との関係を知る上で、他のいかなる文献にもない貴重な記述がある。筆者はこれらの点を特に重視したつもりである。

宇宙の創造過程

三大啓示宗教が共通の教典としている旧約聖書の創世記は、神の万物創造過程について、次のように述べている。

「神は最初に天と地を創造された。地には形がなく、何もなかった。

闇が大いなる水の上にあり、神の霊は水の上を動いておられた。そのとき神は光あれ、と仰せられて光が出来、光と暗とを区別された。これが第一日目の創造である。二日目には神は天と地とを区別され、三日目には陸と海とを分け、陸にはさまざまな植物をつくられ、四日目には昼を司る太陽と、夜を司る月や星をつくられ、五日目には空を飛ぶ鳥と、海に住む魚とをつくられ、六日目には地上にさまざまな昆虫、獣類、家畜などをつくられた後、これらすべてを主管させるために、自らの姿に似せて人間を創造され、七日目を安息日とされた」

ここにいう一日目、二日目を、どのように解釈すべきだろうか。われわれ人間は、自転しながら太陽の周りを回っている地球の表面にぺったりとしがみつくようにして生活している。そして、時間に関する限り、地球の公転と自転とを基に定めたものを用いている。
ところが、ここに記した万物の創造過程は、人間が時間の概念を持つはるか以前のことであるから、ここでいう一日、二日などに人間がつくった時間の概念を当てはめることは誤りであって、神が万物を創造された順序を指したものと解すべきであろう。

そうしたことを踏まえて、まず神の宇宙創造過程から見ていこう。

宇宙物理学者や天文学者たちは、宇宙は、われわれの時間の概念を当てはめてみると、今から約百三十七億前に起こった大爆発（ビッグ・バン）によって誕生したという。このビッグ・バンは、わずか10のマイナス43乗秒という考えられないほどの短時間に起こり、これによって何百兆にも上る天体がつくられ、同時に時間が始まり、空間が出来た。

ビッグ・バン当時、そこにあったのは宇宙全体のエネルギーの固まりで、その固まりは陽子、電子、中性子、素粒子などが出来る前の状態にあって、10のマイナス33乗立方センチ・メートルという、考えられないほどの小さい空間に閉じ込められていた。宇宙全体のエネルギーがこれほどの小さな空間に閉じ込められていたため、その温度は10の32乗度、すなわち一℃の一兆倍の、一兆倍の、さらに一兆倍の十万倍という、これも考えられないほどの高温だった。それが、やがて星雲、銀河系、天体などを含む宇宙になったのである。ビッグ・バン以来、百三十七億年経った現在でも、宇宙の外周近くにある星雲は大変な勢いで宇宙の中心から遠ざかりつつある。つまり、宇宙は現在でも膨張し続けているのである。

一部の宇宙物理学者によると、もしビッグ・バンの初期に膨張率が10のマイナス40乗ほどでも狂っていたら、宇宙は現在のように秩序だったものではなく、混沌たる状態になっていたであろうという。フランスの物理学者イゴール・ボグダノフ氏は、この誤差の程度をゴルフに喩《たと》え、地球からゴルフの球を打って火星の穴にホールインワンする程度の正確さだという。とても人間業ではない。

このことは、ビッグ・バンが偶然に、気まぐれに起こったものではなく、その背後にそれを起こした比類のない英知と絶対に正しい計画、さらにそれを実行に移す意志、目的などがあったとしか考えられない。つまり、宇宙は神の知性、英知、意志の表現であると言わざるを得ないのである。

ところで、神は万物創造過程の最初に天と地、ついで光をつくられて、次に陸（鉱物）と海

（水）とを分けられ、ついで植物を、そして魚、鳥、哺乳類などの動物を創造され、最後にそれらを主管させる人間をつくられたとある。人間が生きていくためには、植物や動物を食糧としなければならない。したがって、神は人間をつくるのに先立って、人間が生きていくために必要なものを用意されたわけである。

このように、神は最初に鉱物を、次いで植物を、さらにその後で動物を、そして最後に人間をつくられたわけであるが、ここで見逃してならないことは、これらが持つ霊的側面、つまり命の側面である。植物および動物に命があることは一般に知られているが、鉱物にも命の胞芽のようなものが認められる。ある鉱物を一定期間、特定の温度および圧力のもとに置くと、結晶して、あるものは水晶に、あるものはダイヤモンドに、あるものはルビーに、あるものはサファイアに、またあるものは翡翠《ひすい》になる。素晴らしくも美しい結晶である。

ということは、冷たくて命がないように見える鉱物にも、宝石になる性質ないし一種の意志、目的が内包されていることになる。そして、意志とか目的というのは精神的ないし霊的、生命的なものであるから、鉱物にも命のようなものがあるといえるだろう。ただ、それは命と呼ぶにはあまりにも希薄過ぎるので、命の萌芽（意志または気）と呼んでもいいかもしれない。

このように、神が創造されたものには、すべて神の英知、目的が内包されているのである。

地球の創造

それでは、四十六億年前に出来たといわれる地球は、どのようにしてつくられたのであろうか。

二十世紀前半まで、多くの天文学者は、他の天体と交信できるような高度な文明を持った生物が住んでいる天体は、銀河系だけで少なくとも何百万はあるだろうとみていた。銀河系には二千億もの天体があるとみられており、そのうちの何百万である。宇宙全体としては何百億にも上る星雲があるから、その中には銀河系のような天体集団も無数にあるだろう。それらを計算に入れると、人間のような高度な文明を持った生物が住んでいる天体は、一億や二億ではすまないと考えられていた。

ところが、二十世紀の終わりに、米国ワシントン大学の古生物学者ピーター・ワード教授と天文学者ドナルド・ブラウンリー教授が注目すべき説を発表した。それは、人間のような高等な文化を持った生物が住める条件を備えた天体は、地球以外になさそうだというのである。

両博士はその条件として、

（一）太陽のような恒星の周囲を、適当な距離をおいてつくられた軌道を規則正しく回る惑星であること

（二）その表面に大洋と大陸があるだけでなく、適度の酸素や温暖化現象を起こさない程度の炭酸ガスなどが含まれた大気があること

（三）水が冷却して長期間氷になったり、熱して長時間蒸気になったりしない程度の温度が維持されること

（四）紫外線が強過ぎないこと

（五）近くに土星のような大惑星があって、大きな流星や隕石などを引きつけ、これらが落ちてこない惑星であること

（六）これらの条件が、少なくとも微生物が高等生物に進化するまでの二十数億年間、安定して維持されること

などを挙げている。ところが、このような条件に適う惑星は地球以外になさそうだ、というのである。

　ところで、地球上には二億二千五百万年以前から恐竜が南極大陸を含む世界のいたる所に生息していたが、六千五百万年ほど前にこつぜんと姿を消してしまった。当時、南極大陸はアフリカ大陸と陸続きであった上に、気候も温暖で、多くの植物が繁茂していた痕跡があるが、恐竜が絶滅した理由は長年謎とされていた。ところが、一九七〇年代に、メキシコのユカタン半島で、油田掘削中にとてつもなく巨大な隕石が落下して出来たと思われる隕石孔が発見された。落下した隕石は直径が十キロメートル、重さが何億トンもある巨大なものだったと推定され、これが火の玉となって地上に落下したために、直径約二百キロ（東京から名古屋までの距離）の孔が出来た。それが地球に与えた衝撃は、水素爆弾数億個の爆発力に匹敵するといわれる。その結果、地球の表面は長年にわたって太陽の光と熱を通さない厚い雲の層で被《おお》われ、冷え込んでしまったが、恐竜はこの変化に順応できずに全滅したという。以来、これが恐竜全滅の原因に関する最も有力な説になっている。

　恐竜はこうして全滅したが、小動物の中には巧みに順応して生き残ったものがあり、それらが進化し、その中から人間も出現した。もし恐竜が絶滅していなかったら、動物進化の過程も変わり、人間が出現できたかどうかも疑問である。

このように見てくると、人類が地球上に出現したことも偶然ではなく、神が最初から計画されたことであり、神から見ると必然であったといえる。

いずれにせよ、ワシントン大学の両教授の説が正しいとすれば、神は高度な文明を持った生物（人間）を地球上だけにつくられたことになり、人間は宇宙全体から見れば、まことに稀少な存在だということになる。人間の立場からすれば、これは神の人間に対する特別な配慮であり、恩恵であり、摂理であるといえるだろう。

そうであるとすれば、神は宇宙全体の創造計画だけでなく、宇宙全体から見れば海岸にある一粒の砂ほどしかない小さな地球についても、このような諸条件を備えた計画を立てられたわけである。先に、神の属性として遍在性を挙げたが、神は膨大な宇宙だけでなく、目にも留まらないほど小さな地球にも、さらにそこに住む六十億の人間一人一人にも遍在しておられるわけである。

世の中には、神は、宇宙の外とか天国の特別の高い場所に位置して世界の動向を見守っておられると考えている人もいるが、これも以上に述べたことから明らかなように、間違いである。

時間、空間を超越して遍在しておられるわけであるから、神は多数おられるとか、単数であるといって議論することも意味がない。神の被造物である人間は、常により高い均衡と調和と統一と平和を志向していることをみても、そこには一つの意志が働いているわけであるから、神は一人だとみるのが正しいといえよう。

ロゴスの神

このように、神は宇宙や地球を、神ご自身の原理・原則にのっとって、正確かつ精密に創造しておられる。スウェーデンボルグは、この原理・原則を「天の理」と呼んでいる。

新約聖書ヨハネ伝の最初に、

「初めにことば在り。ことばは神と共に在り。ことばは神なりき。このことばは初めに神とともに在りき。すべてのこと、これに依りて成り、成りたるもののうち、一つとしてこれに依らざるものなし」

とあるが、この「ことば」というのは、いうまでもなく、われわれが使っている言葉ではなくて、神のロゴスないし神の知性、英知、原理、原則を指すものと解すべきである。その意味で、これは神の言葉である。

神が創造された万物のうち、物質の基本的要素である原子はプラスの電気を帯びた原子核が中心にあって、その周りをマイナスの電気を帯びた電子が回っている。これによって、原子はその性質を保持している。また、生物をみると、植物の花にはおしべとめしべとが、動物には雄と雌とが、人間には男性と女性とがあって、それが愛によって相補い、結合することによって子孫を増やせるようになっている。神は、生物が愛を通して子孫を増やせるように、両性に仕組まれたのである。それは、人間が、この地上に増えて繁栄し、同時に天国に善霊が増えて繁栄するためである。

リンゴが木から落ちるのを見た人は、ニュートン以前にも多くいたに違いない。ところが、地球に引力があって、それがリンゴを引っ張って落としたということに気づいた人は、彼以前にはいなかった。ニュートンのように、まれにみる天才にして初めて考えついたことである。

彼は、秩序整然とした天体の運行を見て畏敬の念に打たれたという。おそらく彼は、天体の運行という神のロゴスにのっとってつくられた神の表現を見て、その根底にある神の実態に触れて感激し、畏敬の念に打たれたのであろう。

このように、自然科学者たちは、彼らが意識するとせざるとにかかわらず、神の表現を研究しており、そうすることによって、知らず知らずのうちにその根底にある神の本体を追究してきたのである。チャールズ・ダーウィンも、神の表現の一環である生物の肉体面の進化を研究するうちに、神のロゴスを発見したのである。

しかし、一方で、その頃から時代は科学万能主義に入ることになった。

科学万能時代の学者たちは、自然科学的方法でとらえられないものは存在しないと考えていた。自然科学的方法では質量や重量のあるものはとらえられるが、霊のように質量、重量のないものはとらえられない。したがって、そのようなものは存在しない。ゆえに、霊的存在である神も存在しないことになる。そうした理由から、神の存在を否定する科学者が圧倒的に多かった。

さらに、そういった科学者の中には、神は人間が考え出したものだと言う人さえ出てきたが、ここまでくると、その傲慢さには手がつけられない。自然科学者の中にも神を信じている人がいたが、そういう人たちは自分たちの研究と神の存在とを、どのように調和させるべきかに腐心していた。というのも、自然科学がまだ十分進展しておらず、したがって自然現象、つまり神の表現はどういう目的で出来ており、何の目的で存在しているのかという疑問を抱くところまで達していなかったからである。

ところが、二十世紀も終わり近くになると、自然科学は急速に進歩した。ことに物理学の分野でそれが顕著であった。ニュートンの力学は二百年間世界を風靡《ふうび》したが、二十世紀に入るとアインシュタインの相対性原理がこれに取って代わり、その後ハイゼンベルグが発表した量子論（物質の運動は確率論的にしか予言できない）が物理学界に革命をもたらした。

こうして、神の表現を研究する学者たちの研究は進むところまで進み、壁に突き当たり、壁の向こう側にあるもの、つまり神の本体を求めざるを得なくなったのである。これについては、第十一章でさらに詳しく述べる。

真、善、美、聖の極致

先に、神は真、善、美、聖の極致であると述べたが、絶対的存在であられる神には、真、善、美、聖などに対応する、偽、悪、醜、俗などはひとかけらもなく、したがって神は純粋な真、善、美、聖であられる。

卑近な例として、神の作品である花は、バラであろうとチューリップであろうと、いかなる種類の花であろうと、神の表現であって、その中には神の神秘ないし美の極致が窺われ、醜的なものは全くない。

マタイ伝第六章には、かのソロモンが極めた栄華でさえ、神がつくられた野の百合の美しさには及ばなかったと記されている。いや、ソロモンの栄華は虚偽と醜態の限りであって、神がつくられた花と比較する価値さえなかったのである。

人間は、蝋《ろう》やプラスチックで、一見本物と違《たが》わないような美しい造花をつくることができるが、それに命を入れることはできないから、そこには生きた花が持つ温かさ、美しさ、さらには繊細さがない。単細胞生物であろうと植物であろうと、生物に命を与えることは神の御業《みわざ》に属することである。それだけに、人間の命をはじめ、生物の命は、神にとっても人間にとっても、極めて貴重なものである。

神は愛なり

神の特性は多いが、その中で最も重要なものは愛である。したがって一般に「神は愛なり」といって、神と愛とを同一視する表現が使われる。愛は霊的なエネルギーであって、人間同士だけでなく、人間とさまざまなものとを結びつけ、調和と均衡とを維持、発展させる力になっている。

それでは、愛は具体的にどういう形を取って現れるのだろうか。

「人のために命を捨てるほど大きな愛はない」といわれるように、正しい愛は自分の利益よりも、隣人の利益ないし幸福を優先させる。そこには、自我を超越した強い力が働いている。母と子とを結びつけている愛は、母が自分の利益を完全に度外視して子どもの利益を優先させる。その結果、自分の心が子どもの心と一体になる。つまり、子どもの心が母親の心の中に入り込んでしまうし、母親の心も子どもの中へ入り込んでしまう。したがって、子どもの喜びはそのまま母親の喜びとなり、母親の喜びはそのまま子どもの喜びとなる。逆に、子どもの苦しみはそのまま母親の苦しみとなる。このように、両者が一体となった姿、これが真の愛の姿である。男女間の正しい恋愛についても同じことがいえる。

強い愛を持った人は、自分の子どもや身近な人々に対してだけでなく、自分と全く関係のない人が不幸に陥り、苦しみ、悲しんでいるのを知ると、心の中でその苦しみや悲しみを共にし、行動を共にしようという気持ちになる。また、人が喜んでいるときには、自分も心の中でその喜びを共にする。このような愛が真の愛であるから、愛は美しいのである。

だが、いくら強い愛の人でも、神の愛には到底及ばない。神の愛は神のあらゆる表現の中に現れている。神は遍在しておられるから、神の愛も遍在している。われわれが住むこの地球上だけではなく、天国はもちろんのこと、地獄にも遍在しているのである。

神は、特定の人を愛するけれども別の人は愛さないとか、善人は愛するけれども悪人は愛さないとか、天国に住む善霊は愛するけれども地獄にいる悪霊は愛さない、ということはない。神の愛は普遍的であって、あらゆる所に平等に遍在している。「神は愛なり」ということは、神の愛が強大で普遍的であることを意味しているのである。

ところで、愛は働きかける力であって、対象を必要とする。対象のない愛は存在しない。永続性のある真の愛が成立するためには、まずその対象が愛を受けなければならない。そして、愛を受けた者が愛をもって応えなければならない。つまり、永続性のある真の愛には、相互作用が必要である。ここに、神が人間を神ご自身の意図どおりに動くロボットではなくて、愛に対して愛をもって応えられるご自身の子女としてつくられた理由がある。

通常、親子の間は愛の絆で結ばれているが、神はそのような強い愛の絆の相手として人間をつくられたのである。ロボットは愛に対して愛をもって応えることを知らないから、それは一方的な関係でしかなく、真の愛に値しない。

神は人間に自主性をも与えられたので、神の愛を受けてそれに応えるかどうかは人間自身が決めることである。ゆえに、人によってそれぞれ神の愛の受け止め方が違ってくることになる。自分の心の窓を常に広く神に向かって開き、神の愛を一〇〇パーセント受け入れて、全身全霊をもって神に感謝し、神を愛する人もいれば、自分の都合のよいときにだけ神の愛を受け入れ、適当にそれに対応する人もいる。なかには、「いや、私は神から愛されていない」と言って異論を唱える人や、「私は神が他人を愛するほど愛されていない」と文句を言う人もいるが、それはその人が自ら神の愛を十分受け入れようとしないだけの話である。

さらに、神に対して無関心を装い、神の愛を感じとらない人や、共産主義者や無神論者のように、自分の心の窓を神から固く閉ざし、神の存在を否定し、神の愛を拒否する人もいる。

常に神の愛を意識し、神に感謝している人は、神の意図に逆らうようなことをしないし、またできない。つまり、犯罪その他の悪事は一切行わず、隣人を愛し、隣人に奉仕する。したがって、こういう人たちばかりが住んでいる社会は、調和と均衡と秩序が保たれ、天国ないし極楽浄土のような平和が支配する。

一方、神の愛を受け入れることを拒否する人たちは、戦争、テロ、闘争、犯罪、血の粛清などを平気で行う。したがって、こういう人たちが住んでいる社会は、常に調和や均衡や秩序や平和が破壊され、地獄のような社会になる。かつてのソ連のような共産主義独裁国家、サダム・フセイン治下にあったイラクなどが、その典型的な存在である。

キリスト教の聖職者たちが愛を説くさい、最も多く引用するのが、新約聖書の中のパウロが書いたコリント前書十三章である。これは、愛とはどういうものかを述べたものである。

「たとえ我もろもろの国人の言葉および、み使いの言葉を語るとも、愛なくば鳴る鐘や響くシンバル（打楽器）の如し。たとえ我予言する力あり、またすべての奥義とすべての知識とに達し、また山を移すほど大いなる信仰ありとも、愛なくば、数えるに足らず。たとえわが財産をことごとく施し、またわが体を焼かれるため渡すとも、愛なくば、我に役《えき》なし。愛は寛容にして、慈悲あり。愛は妬まず、誇らず、高ぶらず、非礼を行わず、己れの利を求めず、憤らず、人の悪を思わず、不義を喜ばず、真理の喜ぶところを喜び、およそ事忍び、事信じ、事望み、事耐えるなり。愛は永遠に絶えることなし。しかれども予言はすたれ、異言は止み、知識もまたすたらん……いつまでも残るのは信仰と希望と愛であり、その中でも最もすぐれたものは愛である」

この文章は、もしかして神からの啓示を自動書記したものか、まれにみる名文である。

臨死体験によって一時的に霊界に入った人たちの中には、霊界で強い光と一体になったと述べ、そのときの体験について、表現を絶した恍惚感と至福感に浸ったと語ると同時に、そこには愛だけがあったと述べる人が多い。紀元前一三〇〇年に書かれた「エジプト死者の書」の中にも、同じことが書かれている。それほど精霊界や天国は愛に満ちたところである。

最後に、本章を終えるに当たって一言明らかにしておかなければならないことがある。神は万物の創造主だといわれるので、宇宙だけでなく、われわれが住む地球上の出来事もすべて神が創造されたものだと受け取る人が多いが、後に述べるように、これは間違いである。この世の中には人間がつくったり行ったりしたことがたくさんあるが、それらは神の創造物ではなく、神から自主性を与えられた人間がしたことであって、人間に責任がある。聖職者の中にさえ、二〇〇一年九月十一日に米国を襲った同時多発テロまでも神が起こされたものだと信じている人がいる。しかし、これらはあくまで人間の行為であり、それらに対する責任は、後で述べるように、全面的にサタンと手を握った人間にあって、神には微塵《みじん》もない。

また、霊界は天国と地獄と精霊界とに分けられるが、その中の地獄も神がつくられたものではなく、この世の中でサタンの手先となって悪事を働いた人たちの霊、つまり悪霊たちが寄り集まってつくっている所である。

このように、神が創造されたものと、人間がつくったり行ったりしたこととは、厳格に区別して考え、かつ論じるべきである。

その点を踏まえた上で、本書では、一般にいわれているように、神は万物の創造主であるという表現を使うことにする。

第二章　神の人間創造

それでは、神はどのようにして人間をつくられたのだろうか。これについて、旧約聖書の創世記は次のように述べている。

「神は人をご自身の姿に創造された。男と女とに創造された」（一章二十七節）

「神はまた彼らを祝福し、このように仰せられた。『産めよ、増えよ、地を満たせ、地を従わせよ。海の魚、空の鳥、地をはうすべての生き物を支配せよ』」（一章二十八節）

「神である主は、土地の塵で人をかたちづくり、その鼻にいのちの息を吹きこまれた。そこで

人は生きものになった」（二章七節）
「神である主は東の方、エデンに園を設け、そこに主がかたちどられた人（アダム）を置かれた」（二章八節）
「その後、神である主は仰せられた。『人が一人でいるのはよくない。私は彼のために彼にふさわしい助け手をつくろう』」（二章十八節）
「神である主は深い眠りをその人に下されたので、彼は眠った。そこで彼のあばら骨を一つ取り、そこを肉でふさがれた。……そしてそのあばら骨で一人の女をつくり上げ、その女を人のところへつれていかれた」（二章二十一節、二十二節）

　以上は、神の人間創造に関して創世記に記述されている箇所を、記述されている順に抜粋したものである。この記載の内容および順序は、時間的に前後しているし、その内容が比喩的であるし、論理的に整っていないために、理解し難い。そのため、多少解釈を加える必要がある。

　この中で、「神は人をご自身の姿に創造された」ということと、「神は人の鼻にご自身のいのちの息を吹き込まれた」ということとは、極めて重要な意味を持っている。

第一に、ご自身の姿に似せて人をつくられたということは、愛なる神が人を愛なる人としてだけでなく、ご自分の子女としてつくられたことを意味する。

第二に、神はご自分の息を人間に吹きこまれたというが、神は霊的存在であられるから、これも霊的な意味に解釈すべきである。つまり、このことによって人間は神性に相通じる人間性ないし人格を与えられたことを意味する。ただし、人間は相対的存在であるから、絶対的な神性をそのまま受け入れることはできない。そのため、神格ではなくて、人格という形になったわけである。

また、このことによって、人間は神を信じる基礎を与えられたことになる。と同時に、独立性、自由、理性、創造性、良心などをも与えられ、真偽、善悪、美醜などの違いを判断する能力だけでなく、自らの肉体をコントロールする能力をも与えられたのである。

第三に、人間は神の息を吹き込まれたことによって、神と同様、永遠の生命を与えられた。霊魂不滅ということは、ここから生じたのである。したがって、人間が地上での生活を終えると、その霊魂は肉体を地上に残し、霊界へ行って永遠に生き続けるか、あるいは輪廻転生して再び地上で人間生活を送ることになる。

このように、人間の霊は不滅であるから、死のう、つまり消滅させようと思ってもできない。つまり、人間の霊についていえば、死という言葉は当てはまらない。霊がいったん霊界入りすると、肉体的苦痛ないし身体的障害から解放されるだけでなく、二十歳代ないし三十歳代の若さになって、それ以後年を取らない。

第四に、神は男を一人で置いておくのはよくないと考えられて、男にふさわしい助け手として女をつくられた。つまり、男と女とは補い合い、助け合いながら生きていくようにつくられたわけである。

最後に、神は人間を祝福して、「産めよ、増えよ、地を満たせ、地を従わせよ。海の魚、空の鳥、地をはうすべての生き物を支配せよ」と仰せられたが、このことは、万物の創造主であり、この地上の人間社会をもその一環として創造しておられる神が、神の子女である人間をその創造計画に参画させるために、地上の管理権を人間に譲渡されたことを意味している。言い換えれば、地上の管理権を神が望まれるように実行することが、神が人間に与えられた使命ないし人生の目的であるといえよう。

人間の始祖

このように、神は人の鼻にご自分の息を吹き込まれて、人間の始祖としてアダムをつくられた。ということは、当初は人間はアダムしかおらず、アダムが文字どおり人間の始祖だったように受け取られがちであるが、果たしてそうであろうか。

創世記をもう少し先まで読んでみると、アダム一家のことが次のように書かれている。

「アダムの長男カインは次男アベルを殺害したために、地上をさまよい歩くさすらい人にならなければならなくなった。そのとき彼は、神に向かって『わたしに出会う人は誰でも私を殺すでしょう』と言った。すると神は、彼と出会うものが誰も彼を殺さないように、カインに一つのしるしを下さった。カインはエデンの東の地に住みついた。そこで妻を迎え、二人の間にエノクが生まれた。そしてカインは町を建て、その町を息子の名にちなんでエノクと名づけた」

これを見ても明らかなように、カインに出会って彼を殺すかもしれない人が当時かなりいたし、彼が迎えた妻もアダムの子孫ではない。加えて、当時、町を形成するほど多くの人々がいたわけである。彼らは、いわばアダム以前およびアダムと同時代の人々で、アダムが神の息を吹き込まれて完全な人間になる前の、いわばアダムの血を引いていない原人類ないし旧人類である。スウェーデンボルグは、彼らのことをプリアダマイト（アダム以前の人間）と呼んでいる。

それでは、神がアダムの鼻に息を吹き込まれたことによって、アダムが最初の人間になったということと、プリアダマイトとの関係は、どう理解すればよいのだろうか。

神は、プリアダマイトの代表者としてアダムを選んで彼の鼻に息を吹きこまれたが、それと同時に、プリアダマイトらも霊的に完全で永遠の命を与えられて人間になったと解すべきであろう。

したがって、神がアダムに息を吹きこまれる以前のプリアダマイトらは、霊的意識が低く、文字どおり動物の延長にすぎなかったわけである。

人間と動物との基本的な違い

科学的精神が旺盛な現代人は、神が人間を創造されたというのは神話にすぎず、人間は、進化論が説くように、単細胞生物から進化したと主張したいだろう。進化の問題は重要であるから、第四章で詳しく論じることにして、ここでは人間と動物との根本的な違いを指摘しておこう。

その根本的な違いは、二十五万年前に出現した人間は神の息を吹き込まれたけれども、他の動物は吹き込まれなかったことから生じたものである。

その違いについて、第一に挙げるべきことは、すでに述べたように、人間は神格に通じる人格を与えられたことによって、神を信じ、崇める基盤を持つようになったが、他の動物は、神を信じたり、崇めたりする基盤を持っていないことである。

第二に、人間（の霊）は永遠の生命を与えられたが、人間以外の動物は永遠の生命を与えられていないから、動物が死ぬと、その霊ないし霊の萌芽は徐々に霧散してしまうことである。

第三に、人間は人格に伴う知性、理性（合理性）、自主性、判断力、良心、道徳心、責任感なども与えられ、真と偽、善と悪、美と醜、聖と俗などを区別することができるだけでなく、自ら真、善、美、聖を求め、偽、悪、醜、俗を避けようという判断力ないし良心を持っているが、動物にはそのような能力は全くないことである。

ただし、人間は真偽、善悪、美醜、聖俗などの区別がつけられるといっても、相対的存在であるから、人間がつくったり、手を加えたり、行ったりすることは、純粋な真、善、美、聖ではなく、そこには常に程度の差こそあれ、真と偽、善と悪、美と醜とが混在しており、努力次第ではそれらを真、善、美、聖の極致に近づけることができるが、それらと一体化することはできない。

ベートーベンやモーツァルトのような天才的作曲家の作品は、人に神秘的な感動を与える。それは、彼らの曲が美の極致に近いからである。それでも、その中には醜が幾分か混在しているといわざるを得ないが、極致に極めて近いために、聴く人は神秘的な感動を覚えるのである。

演奏についても同じことがいえる。ピアノであろうとバイオリンであろうと、完成された一流の演奏家になると、その演奏の中に自己を没入させ、音楽と一体になり、その中で演奏家独特の人格や技能を生かしている。そのため、聴いている人々の美的感覚は演奏家独特の旋律の美しさに共鳴して、彼らを恍惚とさせるし、時には感極まって涙さえ流させるのである。

絵画、彫刻、その他の芸術作品についても同じことがいえる。レオナルド・ダビンチの絵やミケランジェロの彫刻などは、観賞する人の美的感覚を魅了し、その美しさに感動を覚えさせ、作品の傍を離れたくない気持ちを起こさせる。それは、彼らが天才的な芸術家であって、自分が筆や鑿《のみ》を使うというよりも、自我意識を筆や鑿の中に完全に没却して、それらと一体となり、ひたすら美の極致に迫るからである。

このように、神が創造されたもの自体、あるいは神の表現自体は、純粋な真、善、美、聖であり、完全な調和と均衡と秩序と統一が保たれているが、いったん人間が関与すると、偽、悪、醜、俗が入り込んで、完全な調和や調子を崩してしまう。

一方、動物には美を観賞する能力がないから、いくら美しい絵画を見せ、美しい音楽を聴かせても、少しも心を動かさない。彼らには、美と醜、真実と虚偽の区別さえ、つかないのである。

人間以外の動物は、自分で生き、子孫を残すために必要な知識と本能とを持って生まれてくる。そして、本能的に自分の母親を知って、母親につきまとい、自活していく方法や、どこに危険が待ち構えているかなどを教えてもらう。そして、一定の秩序の中で生活し、その秩序の枠を踏み外すことがない。獰猛《どうもう》な動物の中には、時として共食いするものがいるが、それは数が増え過ぎて食糧が少なくなったときだけである。つまり、共食いも調和を維持するための自然な調節作用なのである。ライオンや虎は弱小動物を殺し、それを食べて生きているが、空腹でないときには、弱小動物が傍にいても殺そうとはしない。自分の縄張りを守るために、その中に入ってきた仲間の動物と喧嘩をすることはあるが、相手を殺すことまではしない。

このように、彼らは、仲間との調和と秩序とを守る本能を持って生まれてきている。

ところが、自主性を与えられた人間の中には、その自主性を乱用し、暴力に訴えて戦争やテロや血の粛清などを行い、同種の人間を大量に殺害する者が出てくる。すなわち、人間は動物がしない悪事もするのである。悪事の中でも、同種（人間同士）を大量に殺害するのは人間だけである。

第三章　サタンの出現とアダムとイブの堕落

創世記第二章には、アダムとイブの堕落について次のような話が載っている。

主たる神は東の方エデンに園を設け、そこにアダムとイブをおき、その園の中央に命の木や善悪を知る木などを植えさせ、「あなたは園のどの木からでも、思いのままに取って食べてもよい。しかし善悪を知る木からは取って食べてはならない。それを取って食べると、あなたはそのとき必ず死ぬ」と仰せられた。ところが、神がつくられた諸々の動物のうち、最も狡猾《こうかつ》な蛇が現れ、イブに向かって善悪を知る木の実を食べるよう唆《そそのか》した。そこでイブはその実を取って食べた後、アダムにも勧めて食べさせた。すると二人は自分たちが裸であることに気づき、いちじくの葉を継ぎ合わせて腰に巻きつけた。

その直後、二人は神がエデンの園を歩いてこられるのを知り、慌てて木の陰に隠れた。すると神は「アダムよ、お前はどこにいるのか」と呼ばれたので、アダムは「私どもが裸であることを恐れて、身を隠したのです」と言った。

そこで神は、「誰があなたたちに裸であることを知らせたのか。あなたたちは食べるなと命じておいた木から取って食べたのではないか」と言われたので、アダムは「イブに勧められて食べました」と答えた。

そこで神はイブに向かって、「あなたは何ということをしたのだ」と言われると、イブは蛇に勧められて食べましたと白状する。

そこで神は蛇に向かって、「お前はこのようなことをしたので、一生腹で這い歩き、塵を食べるであろう」と言われた。

その後、神はアダムとイブを楽園から追放された。

これを読んで、おとぎ話のような印象を受ける人も多いであろう。また、聖職者の中には、これを人間の始祖であるアダムとイブが、神の掟に背いて禁断の実を食べたことによって原罪を犯し、それが子々孫々にまで遺伝することになったといって、深刻に受け止める人も多い。

ここで、いくつかの点についてコメントしておこう。

第一は、神は霊的な存在であられるから、これを文字どおりに受け取らないで、霊的に解釈すべきであるということである。

第二は、神がなぜ命の木と善悪を知る木とをエデンの園の中央に植えさせたかということである。それは、神がアダムとイブとに対して、神の命令を忠実に守ることが人間の中心的かつ最も重要なことであることを知らせるためである。ところが、二人はこの命令に背いたのである。

第三は、そのために神は二人をエデンの園から追放されたとあるが、神は愛そのもの、慈悲そのものであられるから、ご自分の命令に背いたからといって、二人をエデンの園、つまり地上の楽園から追放されるはずがない。二人は神の命令に背いたので、神の足音を聞いたとき身を隠したとあるように、良心が咎《とが》めて神と顔を合わせるのがつらくなったために、自らエデンの園を出ていったのであって、神が追放されたという記述は納得し難い。親の言いつけに背いた子どもは、親の顔を見るのがつらくて、自分の部屋に閉じこもったり、家から出ていったりするが、子どもを愛する親の方は、子どもに背かれたからといって、子どもを家から追い出すようなことをしないのと同じである。

第四は、原罪の意味である。二人が犯した罪は、人間として初めてのものであるから、それを原罪と呼んでもいいかもしれないが、この罪が子々孫々に遺伝することになったと考えることは問題である。罪を犯した責任は、それを犯した本人が全面的に負うべきであって、それが子孫に遺伝するということは理屈に合わない。先進諸国の法律を見ても、親が犯した罪の責任を子どもにかぶせるようなことはない。

人間は、いったん悪事を働くと、同じような悪事を繰り返しやすくなる。いったん嘘をつくと、またつきやすくなる。つまり、悪事を働くと、それを繰り返す性向が身につく可能性がある。したがって、原罪そのものは遺伝しないとしても、そのような性向が遺伝する可能性があり、アダムとイブの原罪は、その意味で子々孫々に禍《わざわい》を残したといえよう。もし二人が原罪を犯していなければ、人間社会は現在でもエデンの園、つまり天国あるいは極楽浄土のように、戦争、テロ、犯罪、病気、貧困、飢饉などがなく、人々はお互いに助け合い、愛し合いながら、調和と秩序と統一と平和の中で幸福に暮らしていたであろう。

第五は、神が善悪を知る木の実を食べたら死ぬと言われた意味である。ここで言われている善悪を知る木というのも比喩的な表現であって、現実には存在しない。また、死も文字どおりの死ではなく、イエス・キリストがしばしば口にされた死、つまり神に背き、サタンの影響下に入ること、将来、天国ではなく地獄へ落ちていくことを意味する。

第六は、ここにいう蛇が何を意味するかである。動物の蛇が人間を唆《そその》かせるはずがない。この蛇は、多少神のことを知っていたらしい。その上、人を神に背かせた存在である。すなわち、これはサタンを意味する。

このように、サタンは人間の始祖のときから登場してくる。そして、蛇が一生腹ばいになって塵を食べなければならないように、サタンも一生腹ばいにならなければならないような存在であることを意味する。

最後に注意すべきことは、アダムとイブの堕落が人類に与えた心理的、宗教的な影響で、そこには人類にとって重大な意味が含まれている。もしこの堕落がなかったら、人類は神の掟を守ることがいかに重要であるかということを身に染みて感じる機会がなかったであろう。同時に、人間は自分が罪を犯したことについて呵責《かしゃく》の念を抱くこともなく、またそれに対して責任を取らなければならないという自覚を持つこともなかったであろう。

サタンの正体

ところで、サタンとは一体何者なのだろうか。

サタンは、神に反逆した天使のことである。神は人間を創造されたと同時に、人間に対するメッセンジャーの役割を果たす天使をも創造されたが、その天使の中から堕落して神に反逆するものが出てきた。それがサタンである。

サタンは神の創造計画を妨害し、破壊しようとする悪の霊的勢力で、神に対する反逆心が強いあまり、自ら反省したり善悪を判断したりする能力を持たない。そのため、サタンには自分が悪の勢力だという自覚がない。蛇に象徴されるように、飛ぶことも、走ることもできず、その勢力は極めて限られているから、神の計画を一時的に軌道から外させることはできても、破壊し尽くすことはできないし、それほどの力も持ち合わせていない。また、自分だけでは何もできないから、人間をそそのかし、手先にして、その目的を果たそうとする。

神の創造計画は現在でも続けられており、人間はこの世を天国のようにするという神の創造計画の一環に参画している。そこで、サタンは人間の自由意志につけ込んで、人間をそそのかして自分の手先にして、戦争、テロ、葛藤、闘争、悪疫、飢饉などを起こし、神の創造計画を破壊しようとする。

しかし、人間はサタンに与《くみ》して一時的に神に背いても、その罪を自覚して悔い改め、償いをすれば、神は赦《ゆる》してくださり、再び神の創造計画に建設的に参加できる。愛なる神は赦しの神でもあるからである。しかし、サタンと手を結んだまま、自分が犯した罪をごまかしたりほおかぶりするようでは、いつまでたっても神の赦しは得られない。

さて、ここで神とサタンとの関係を明らかにしておこう。

神は絶対的な存在であられるから、神に相対するものは存在しない。聖職者の中には、神とサタンとを対立させて考える人がいるが、それは原理的に誤りである。絶対的存在で、かつ全能であられる神は、サタンを恐れられることはない。神がサタンを撲滅しようと思われたら、いとも簡単にできるはずであるが、神は悪と対決したり妥協したりすることはない。そんなことをすれば、絶対的存在であり、善の極致である神の立場が失われるからである。

では、サタンを退治する方法はないのだろうか。

もし誰もサタンの手先にならなければ、サタンは存在意義を失い、自滅せざるを得ない。だから、人間全体がサタンの手先にならないように、その霊的レベル、人格レベルを高め、常に神の側についていているようにすればよいのである。

最後に、サタンの存在は、人間にとってどんな意味を持っているのだろうか。

人間は神の創造計画の一環に参画して、この世を天国のようにしようと努力している。その間にあって、一部の人間はサタンに加担して戦争やテロを起こし、それを妨害している。そのため、計画は幾度も挫折しているが、その挫折を克服しながら進めている。つまり、その計画は正、反、合という弁証法的な過程を繰り返しながら進められているのである。

神ご自身がなさる計画は、ジグザグなコースをたどることなく、目標に向かって直進していくが、不完全で、欠陥だらけで、時としてサタンに手を貸す人間がすることは、試行錯誤を含む弁証法的過程をたどらざるを得ない。しかし、そうすることによって、その事業計画は、雨降って地が固まるように、一層強固で深みのあるものになるのである。

このように、人間の世界では、弁証法的過程を経ることによって、かえってよい結果が得られるといえよう。

かの哲学者ヘーゲルも、神に対する人間の罪が神と人間との関係を分裂させたが、人間はそれを克服することによって、より高い真の統一に至ると言っている。アダムとイブは、神の愛が支配する楽園にいたたまれなくなっていったんそこを出たものの、再帰を願った。雨降って地が固まったのである。

サタンが存在せず、したがってエデンの園の事件が起こらなかったら、人間は罪を犯したことについて呵責の念を抱くことも、紀元前にユダヤ人たちが救世主の出現を待ち望んだり神の赦しを乞うたりすることも、また神の限りない愛を知ることもなく、その結果、三大啓示宗教が世界に広まることもなかったであろう。

人間は、平素空気のありがたさを感じないものである。空気が希薄な高山に登って、初めてそのありがたさを感じる。同じように、平素神の豊かな愛ばかりに浸っていると、そのありがたさを感じなくなる。そういった意味で、サタンは時として人間に神の愛を身に染みて感じさせる機会をつくってくれているといえよう。

第二部　霊および霊界

第四章　霊の起源と進化

第二章では、神が人間を創造された目的について述べたが、本章では人間の霊とはどういうものであり、それはどのような過程をたどって出来たのかについて論じていきたい。ただ、その前に、生物とは何か、それはどのような構造になっているのかを説明しておこう。

先に、人間は霊と肉体とが合体したものであると述べたが、実は人間だけではない、およそ生きとし生けるものはすべて、エネルギーから成る霊、あるいはその萌芽のようなものと、物資から成る肉体、あるいはその萌芽のようなものとが合体した状態にある。人間や高等動物の場合には、前者を霊と呼ぶが、その他の生物の場合には、一般に霊の萌芽のようなもの、あるいは精、または気と呼んでいる。精という言葉には、心、根気という意味があって、主として植物の場合に用いられる。

両者のうち、生命を担っているのは、霊もしくは霊の萌芽のようなもの、精、あるいは気であって、それが肉体と合体している限り、生物として生きている。

先に、人間について、霊が主体で、肉体は霊が人間として生きている間に身にまとっている衣服、あるいは霊が何かをしようとする場合に使う道具のようなものであると述べたが、これは他の生物についてもいえることである。その場合、霊が肉体に対して、成長し、老化するといっても、肉体としてはそういうわけにはいかず、成長を続け、いずれは老化しなければならない。また、肉体独自の欲求、例えば食欲、性欲などがあって、それを霊の支配下で満たさなければならない。

霊と肉体が完全に分離すると、その生物は死ぬ。その場合、肉体の方は朽ち果てるが、人間以外の生物の場合には、類人猿をも含めて、気、精、あるいは霊の萌芽のようなもの、あるいは霊は、徐々に霧散してしまう。人間の霊だけは、霊魂不滅といわれるように、霧散することなく、霊界へ行って生き続けるか、輪廻転生してもう一度人生を送ることになる。

霊には姿がある

一般に、霊といえば、エーテルのように空虚で、見えもせず、臭いも味も重量もなく、つかみどころがないものだと考える人が多い。なるほど、肉体の感覚では見えもせず、触れることも、嗅ぐことも、味わうこともできないから、そう考えても不思議ではない。

しかし、霊眼で見ると、すべての霊は、その萌芽のようなものを含めて、それに相応した肉体と同じ姿をしている。つまり、人間の霊は人間の肉体と同じ姿をしているのである。もっと正確にいえば、肉体の方が主体である霊と同じ姿をしているのである。

すぐれた霊能者は、日ごろから霊眼で多くの霊を見ているが、皆人間の姿として見ているし、幽霊も人間の姿をして現れる。霊界にいる人間の霊たちも、お互いを人間の姿として見ながら付き合っている。臨死体験者は、肉体を残して霊だけで臨死体験をするが、その間、すでに霊界入りした親族や友人の霊を人間の姿として見ているわけである。

先に引用したスウェーデンボルグは、それについて、次のように述べている。

「私は長年の体験から、次のように断言できます。天使の形は、その顔、目、耳、胸、腕、手、

足にわたって人間と全く同じです」(「天国と地獄」第七十五項)

天使は霊的存在で、地上に生活したことがなく、肉体を持ったこともない。その天使が人間と全く同じ姿をしているということは、論理的にいえば、人間の方が天使の姿をしているというべきであろう。つまり、霊の姿の方が肉体の姿よりも先に存在していたわけである。

スウェーデンボルグは、「天界では、天使たちは皆神を人間の姿以外の姿で認めることはない」(第七十九項)とも記しているが、彼自身が人間の姿をした神を見たとは書いていない。もしそれが正しいとすれば、神がご自分の姿に似せて人間をつくられたという記述は、この意味においても、正しいことになる。

霊は記憶を持っている

人間の霊が持つもう一つの特徴は、忘れることも消えることもない記憶である。人間が死ぬと、その霊は肉体的苦痛や不快感などから解放されるが、霊が持っていた記憶、人格(霊格)、感覚、思考力などは持ち続ける。そのために、霊界へ行っても、あるいは輪廻転生しても、その影響力が現れるのである。

人間の記憶は大脳皮質に刻み込まれることによって成立し、人間はそれを随時再生、つまり思い出すことができるが、忘れて思い出せないことも多い。しかし、人間が何も忘れず、つらいことをいつまでも記憶し続けなければならないとなれば、耐え難い苦痛であるから、忘れることはありがたいことである。

一方、霊の記憶は潜在意識の中に保存されているから、平素は人間が自分の意志で再生させることはできない。しかし、人間を催眠術にかけてトランス状態（深い睡眠状態に入って自発的意志ないし行動が減退し、心の深層にある自律的思考ないし感情が現れる状態）に置くと、甦らせること、つまり再生させることができる。再生させないで潜在意識の中に留めておいても、それは随時肉体にも精神にも微妙かつ重要な影響を及ぼしているのである。

例えば、前世で高い所から転落して死んだ人の霊が輪廻転生すると、その人は高所恐怖症になり、飛行機にも怖くて乗れない。前世で洪水あるいは水にのまれて死亡した人の霊が輪廻転生すると、その人は水恐怖症に陥る。また、前世で冷蔵庫のようなところに閉じ込められて死亡した人、あるいは生き埋めになって死んだ人の霊が輪廻転生すると、その人は閉鎖恐怖症に陥る。前世で、ある事故のために自分の子どもを守り切れずに死なせた経験を持つ女性の霊は、来世で子どもをつくることに強い拒否反応を示す。こういう例は枚挙にいとまがない。

このように、霊が持っている記憶は、その人が死んでも消えないで残っており、輪廻転生すると、それが原因で精神病的症状を呈する場合が多い。

多くの精神病は、本人が意識しているといないとにかかわりなく、前世でショッキングな事件に遭遇したことが潜在意識の中に残っていて、それが原因になっていることが、三、四十年前から明らかになってきた。そしてそのようなショッキングな事件を、催眠術などを通して意識に上らせると、精神病が治ることも明らかになってきた。

これに関連して考えるべきことが、もう一つある。それは、出産班（バース・マーク）にまつわる問題である。出産班について、多くの人々の記憶に上るのは、元ソ連大統領ゴルバチョフ氏の頭のあざである。アメリカ、バージニア大学のイアン・スティーブンソン博士は、二百件以上の子どものあざについて研究した結果、これらの子どもたちは、前世で、あざと同じ箇所に弾丸が貫通したか、刀などで切られたことが原因で、死亡したという事実を突きとめた。しかも、その中の十七人については、彼らの前世のカルテによって証明したという。したがって、ゴルバチョフ氏も前世で何者かに前頭部を傷つけられ、それが原因で死亡したものと推定される。

このように、出産班は遺伝ではなく、輪廻転生して胎児に入り込む霊の仕業《しわざ》であって、潜在意識の中にある前世の記憶が影響したものと考えられる。すなわち、潜在意識は、いろいろな形で、さまざまな影響を及ぼすのである。

前世の研究家で、「前世発見法」の著者でもある米国のグローリア・チャドウィック女史は、かつて一度も行ったことのない町の墓地を車で通りかかったとき、なぜか興奮してすすり泣きしてしまったという。後で分かったところによると、その墓に彼女の前世の遺体が埋葬されていたという。つまり、潜在意識の中にあった記憶が、彼女を興奮させ、すすり泣きさせたのである。

また、日本のある著名なフルート奏者は、子どもの頃、初めてフルートを見たとき、どういうわけかうれしくて興奮したという。おそらく彼の前世もフルート奏者だったに違いない。才能、能力なども、記憶として来世に持ち越されるものである。例えば、前世で偉大な作曲家であった人の霊が輪廻転生すると、しばしば天才的作曲家になる。その例としてよく挙げられるのが、五歳にしてシンフォニーを書き上げたモーツァルトである。ベートーベンについても、同じようなことがいわれている。

同じことは演奏家についてもいえる。天才的なバイオリニストやピアニストなどは、初心者であっても、先生から教えてもらう前に楽器を上手に使いこなすコツを心得ていて、常人には出せない素晴らしい音を出す。前世の記憶がそうさせるのであろう。

二十世紀で最も著名なバイオリニスト、メニューヒン（一九一六―一九九九年）は、四歳の時にバイオリンを習い始め、七歳（小学校二年生）にしてメンデルスゾーンのコンチェルトを弾きこなし、ソリストとしてサンフランシスコ・オーケストラと共演した。また、十歳の時にはニューヨーク・シンフォニー・オーケストラと共演。さらに十一歳の時にベルリンでコンサートを開いたが、この時には相対性原理を発表した物理学者アインシュタイン博士が来ていて、コンサートが終わるや、楽屋へ行って、メニューヒンに、「あなたはまたしても天国に神様がおられることを証明してくださった」と言ったと伝えられている。それほどメニューヒンのバイオリンは神秘的で、神技に富み、アインシュタインに神を連想させたのであろう。これも、彼の前世がすぐれたバイオリニストであったことを示唆している例のように思われる。

また、ある男女が初めて顔を合わせたときに、お互いに無性に心を惹《ひ》かれ合い、懐かしくて仕方がないという場合、この二人は前世で仲のよい夫婦であったか、恋人であった可能性が高い。

人間は進化の結果か、神の創造によって出来たものか

ところで、単細胞生物が持っている霊の萌芽のようなものは、最初どのようにして出来たのだろうか。また、人間の霊も、単細胞生物の霊の萌芽に相当する気（vitality）が進化に進化を重ねた結果、出来たものなのか、それとも旧約聖書に書かれているように、神が創造されたものだろうか。

地球が出来たのは、今から四十六億年前のことで、地球上に単細胞微生物が現れたのは三十数億年前のことだといわれているから、約十億年間、地球上には生物がいなかった。

それでは、最初の生物、すなわち生命ないし、その萌芽のようなものは、どのようにして出来たのだろうか。それはまだ分かっていない。他の天体から隕石に乗って飛んできたという説

もあるが、これでは生命の創造過程についての回答にはなっていない。

物質は無機物と有機物とに分けられる。霊ないし、その萌芽のような生命が宿るのは、有機物であるというわけで、ある原子を集めてアミノ酸のような有機物にし、そこに生命をつくろうとした生物学者がいたが、いくら有機物をつくっても生物はつくれなかった。これは、有機物自体は生命を持っておらず、生命を持った霊あるいはその萌芽を宿らせる素地を持っているにすぎないためである。

近年、生物学や生化学を含む自然科学が急速に進歩したが、それでも人間は単細胞生物の生命すらつくれない。ましてや、虫の霊ないし命、花の霊ないし命、あるいはその萌芽のようなものをつくることはできない。おそらく、霊や生命をつくることは、神の御業《みわざ》に属することなのであろう。

それでは、その起源をどのように考えるのが合理的であろうか。それを検討する前に、進化論を取り上げてみよう。

進化論は、チャールズ・ダーウィンが一八五九年に「種の起源」を発表して以来、あたかも彼が考え出した学説であるかのように受け取られているが、彼以前にもこのような説を発表した学者が多くいた。ダーウィンは、これらの説に若干の新事実を加えて「種の起源」にまとめたのである。そして、人間の大祖先も単細胞生物で、それが何度も突然変異を繰り返し、偶然に進化に進化を重ねた結果、最後に人間が出来たという。

「種の起源」が世に出るや、主としてキリスト教徒の間から、これが聖書にある神の万物創造過程、ことに人間創造過程と矛盾するという理由で、激しい反対が巻き起こった。現在でも、同じ理由で反対する人が後《あと》を絶たない。

なるほど、聖書には「神、土の塵で人間の形をつくり」（創世記二章七節の前段）とあり、また「その鼻に命の息を吹き込まれ、生きた人間（霊）になった」（同後段）とある。この前段を、人間があたかも粘土で人形でもつくるように、神が土の塵で人間の形をつくられたと解する人もいるが、これは先に説明したように、当を得ていない。後段も、先に述べたように、文字どおりに解すべきではなくて、人間らしい生物に進化した生物の鼻に神がその息を吹きこんで、神格に通じる人格と、それに伴うさまざまな能力を与えられて、一人前の人間にされたと解すべきであろう。

また、別の反対論者は、次のように言う。種がだんだん進化したというが、ある種と別の種とを結びつける種がないから、進化論は間違いだ、と。そのように言う人は、また、例えば進化論が類人猿と人間との間にあると推定される動物がいないではないかと言う。

しかし、かつて地球上に生存していたさまざまな種のうち、九五パーセント以上がすでに絶滅しているだけでなく、現在でもある種と他の種とを結びつける珍しい動物の化石が発見されている。また、六千五百万年前に突如として絶滅した恐竜が、温血動物であったか冷血動物であったかということさえ、最近まで分からなかった。前者だとすれば恐竜は哺乳類に属するが、後者だと爬虫類に入るから、これは進化論にとってはかなり重要な点である。

ようやく二〇〇〇年になって、アメリカのサウス・ダコタ州で発見された恐竜の心臓の化石から、温血動物であったことが判明し、恐竜が哺乳類であったことが分かった。

このように、進化論のいわば穴埋めは現在でも続けられているから、進化論は完全ではないといって、それを否定するのは早急に過ぎる。

また、進化論は生物が偶然に突然変異に変異を重ねた結果、最後に人間になったというが、そうであれば、人間は動物の延長であって、人間と他の動物や生物は連続しており、その間に根本的な違いはない。それゆえ、人間の道徳観や人格などの説明ができないといって、進化論に反対する人もいる。

しかし、こうした反対論は、進化論が生物の進化を肉体面に限って見たものであって、道徳観や人格といった霊的ないし精神的側面を研究対象にしていないことを見落としている。事実、大多数の生物学者はさまざまな化石およびＤＮＡ（遺伝子を構成するデオキシリボ核酸）など、物質面からのみ見て、進化論は疑いの余地がないほど正しいと考えている。

このように、ダーウィンの進化論は肉体的側面だけについての学説であって、その限りでは神の表現の一側面についての研究結果でしかなく、神の人間創造と少しも矛盾しない。つまり、進化論が言うように、人間が単細胞生物から進化したというのは、「神は土の塵で人間の形をつくり」という側面である。ところが、その後で、人間は神の息を吹き込まれて動物から飛躍し、他の動物にないさまざまな性質や能力のある〝永遠の生命を持った人間（霊）〟になったという。これは、極めて重要な霊的側面で、われわれはこの点を無視した進化論で満足しているべきではない。

霊の起源と進化

このような見地から、一九八〇年代になって、主としてアメリカの生物学界および哲学界に注目すべき学説が現れた。それは先に述べた「知的設計説」で、これは生物の精神面ないし霊的な面に注目した説である。この見地からすれば、ダーウィンの進化論は間違っている（正確に言うと、重大な欠陥を持っている）ということになる。

神（知的設計説は神という言葉をはっきり使ってはいない）は霊的存在であられるから、霊的側面を重視され、それを優先させておられるに違いない。すなわち、神は単細胞生物の気を最初につくられ、そして神の意図ないし設計に基づいて、その気が持っている姿に相応する単細胞をつくられ、それと合体させて単細胞生物にされた。

やがて姿を持った気が進化して、精あるいは霊の胚芽の姿になった。ついで魚類の姿、爬虫類の姿、哺乳類の姿、類人猿の姿、最後に人間の姿をした霊に進化した。そしてそれに伴って、形（姿）に影が沿うように肉体面も進化していったと考えられる。こうして、単細胞生物が人間に進化するまでに三十億年以上かかったのである。

この進化の過程を通して、霊の機能的側面である魂、心、精神などの働きも進化し、複雑化していったが、それにつれて、肉体面も霊の機能を果たすことができるように、それに相応して複雑化していったといえよう。進化に関して、神は最初からこのように仕組まれたと考えられる。

ダーウィンの進化論のように、霊的側面を無視して肉体面だけに着目して見ると、そこには偶然性とか突然変異があるように見える。しかし、全知、全能であられる神には、偶然とか突然変異などは有り得ない。すべては神が意図されたとおり、神のロゴスに従って進化していったのである。

気や、精や、霊の萌芽のようなもの、あるいは霊は、肉眼では見えないし、自然科学的方法でとらえることもできない。しかし、それらは心ないし精神という機能的側面を通して肉体をコントロールし、肉体に霊、つまり心が決めたことをやらせているのであるから、肉体の行動を見て、心、精神、霊の萌芽のようなもの、あるいは霊がどのようなものであるかを、かなり正確に推測できる。

単細胞生物は環境に適応し、環境を利用しながら生きているが、その行動は極めて原始的で、単純である。ところが、だんだん進化した生物の行動は、それなりに複雑になっている。それは、その霊の萌芽ないし霊が進化し、複雑になった証拠である。

　霊が進化して哺乳類の霊になったのに、肉体が魚類の姿のままであるわけにはいかない。霊がライオンの霊に進化したのに、その霊が魚類の肉体のままだと、ライオンは自らやりたいこともできず、ライオンとして生きていけない。そうかといって、ライオンの霊に人間の肉体を着せるわけにもいかない。ライオンは弱小動物を追いかけて、その喉に噛みついて、息の根を止めて殺した後、おもむろにその内臓や肉を食べて生きている。そのライオンに人間の肉体を与えたのでは、ライオンが肉体に弱小動物を追いかけるように命じても、人間の二本足では四本足の動物に追いつけず、取り逃がすばかりである。仮に捕らえたとしても、人間の口では、その喉もとに噛みついて息の根を止めることはできない。このように、ライオンの霊が人間の肉体をまとっても、霊とその肉体との間に混乱が起こって、百獣の王として生きていけない。

　逆に、人間の霊にライオンの肉体を与えても、ライオンの頭脳では読み・書き・算盤すらできず、霊とその肉体との間に葛藤が続いて、生きていけない。宗教家の中には、霊が輪廻転生する場合に、前世で悪行を重ねた霊は、牛に生まれ変わると信じている人もいるが、そのようなことはあり得ない。つまり、進化の原理は、姿を持った霊が進化しながら肉体をその姿に相応するように進化させることである。これが進化に関する神の理法であるといえよう。

　人間が衣類を選択する場合に、衣服を先に選んで、それにその人の体を合わせるようなことはしない。人間の体の大きさ、形、趣味に合った衣類を選んだり、つくったりする。自分に合わないだぶだぶの服を着たり、小さ過ぎる服を着たのでは、自分がやりたいことも思うようにできないから、あくまでも主体である霊の姿に合った衣類を着せる。同様に、姿を持った霊がその姿を投影した肉体をつくっていくのである。

　主体である霊が肉体をコントロールしているといっても、一〇〇パーセントしているわけではない。肉体は物質の世界に属しているから、物質世界の法則に従って、嬰児《えいじ》から幼児、少年、青年、成人へと成長し、老化していく。霊も成長するが、霊がそれほど早く老化しないのに、肉体の方は容赦なく老化する。そして、肉体が老化して霊の命令どおりに動かなくなったり、ぼろぼろになって霊が身にまとっていられなくなると、霊はその肉体を捨てて、霊界入りするのである。

　以上のように、ダーウィンらの進化論は、霊の姿を投影した肉体の姿だけを論じたものであって、生物の主体である霊の姿は研究の対象外になっているのである。

個人の霊の新生

神は人間をつくられたとき、「産めよ、増えよ、地に満てよ」（創世記一章二十八節）と仰せられた。そのためには霊はどこかで増えなければならない。どこで、どのようにして増えるのだろうか。

スウェーデンボルグは〝天国と地獄〟の中で、天国でも結婚があると述べている。大ざっぱに言って、男性は理性や知性に、女性は愛情や優雅さにすぐれている。霊界にいる男性の霊も女性の霊も、それぞれこのような特徴を持っており、両者が結婚すると、男の霊の理性と知性とは、そのまま女性の霊の中へ流れ込み、女性の霊の愛情と優雅さとは、そのまま男性の霊の中に入り込んで、両者は融合し、以前よりもはるかにすぐれた一つの霊になるが、その霊の幸福感や霊的能力は、霊界で求められる最高のものになる。ところが霊界では、それによって子どもを産んで霊を増やすことはできない。

スウェーデンボルグは以上のように記している。これが正しいとすれば、人間および霊を増やすことは、もっぱら人間界にいる男女による以外にないことになる。神はそのために両性をつくられたのであろう。

それでは、新しい霊は地上でどのようにして出来るのだろうか。これも霊に関する問題であるから、自然科学的方法では説明も証明もできないが、次のように考えるのが合理的であるように思われる。

新生児の肉体は、父の遺伝子を担った精子と母親の遺伝子を担った卵子とが結合し、それが発育したものであるが、霊的側面である心ないし精神面も、片方、あるいは両親の霊的ないし精神的遺伝を受けていると思われる。そして、肉体の姿は霊の姿を投影したものであるから、子どもは多くの場合、霊、肉ともに両親に似ることになる。

ただし、すべての新生児の肉体に、両親の霊の遺伝を受け継いで新たに出来た霊が宿るとは限らない。なぜなら、輪廻転生というケースがあるからである。輪廻転生というのは、両親の子どもの霊でなく、すでに人間として生きたことのある霊が、新生児の肉体に入るケースである。この場合でも、その肉体に入る霊は新しく出来る肉体に入る前に、その肉体に外部から何らかの影響を及ぼして、肉体の姿を自分の姿に変えるのではないかと思われる場合が多い。というもの、時として顔つき、体つきが親に似ない子どもが出来るからである。これも、先に述べた出産班というケースを考えれば納得できることである。

輪廻転生する霊の数はかなり多く、その中には一回だけでなく何十回もする霊もいて、その都度新生児の肉体に宿るわけであるから、一つの新しい肉体が出来るたびに新しい霊が出来るとすれば、一つの肉体を輪廻転生する霊と新たに出来た霊とが取り合いをし、結局新しい霊は入れず、宙に浮いてしまうことになるが、そのような可能性は考え難い。ただし、後で述べる憑依霊の場合は例外である。

このように、各個人の霊がどのようにして出来るかは明確にできないが、これに関連して次の諸点を指摘することができる。

第一は、新生の霊も原則として肉体同様、何らかの形で両親の霊の遺伝を受け継ぐ。

第二は、ある霊が輪廻転生して新生児の肉体に入る場合でも、血のつながりが全くない新生児に入るケースは少なく、身内か、それに準じる新生児の肉体に入る場合が多い。輪廻転生を重視する人の中には、すべての新生児の肉体に輪廻転生する霊が入ると信じている人が多いが、そうであるとすれば、地上と霊界にいる霊の総数は一定していて増えないことになるから、それは間違いであろう。今から三十万年ほど前に、神が人間にその息を吹き込まれるまで、地上にも霊界にも人間の霊は全くなかったはずであるが、現在ではその数は百数十億を下らないと考えられるから、霊はどこかで新生されていると考えるべきであろう。

　第三は、非常に特殊な例であるが、イエス・キリストの霊のように、聖霊が新生児の霊に宿るというケースもある。しかし、このような例は現在までのところ、イエス・キリスト以外には信頼できる記録はない。

霊と肉体との合体時期

　それでは、霊はいつ新しい肉体に入るのだろうか。精子と卵子が結合して後二、三カ月間は、胎児にはまだ中枢神経が出来ていない。そのため、一般にそれをエンブリオ（胚）と呼んでいるが、三カ月目ごろから中枢神経が働き始めるので、それ以後から誕生までを胎児と呼ぶ。霊が肉体に入るのは、そのうちのどの時期であろうか。それとも、この世に生まれてくる（誕生の）瞬間であろうか。

　これについて、まず輪廻転生の場合を見てみよう。

　米国マイアミ大学医学部精神科部長のブライアン・ワイズ博士は、多くの患者をトランス状態にして観察した結果、次のような興味深い成果を得ている。

つまり、輪廻転生しようとする霊は、いずれ自分が入ろうとする肉体が他の霊に占領されないように、妊娠した時点で予約をしておくが、その霊が肉体に入るのは誕生の瞬間である、と。これが正しいとすれば、次のように考えられる。

先に霊には姿があり、肉体は霊が着る衣服のようなものだと述べたが、霊の立場から見て、誕生の瞬間になるまで、肉体が霊の姿に合致する姿にならないからであろう。

中間生（ある人が死に、それ以後輪廻転生するまでの間の生）の研究者である、トロント大学のジョー・ホイットマン教授は、多くの被験者をトランス状態にしたまま前世について質問したところ、彼らの記憶は明瞭で、答えもかなり詳細にわたっていたが、中間生について質問したところ、彼らは溜め息をついたり、表情を激しく変えたりして、明瞭な記憶がなく、何が起こっているのかを見極めようとするだけであったという。そして、ある女性に中間生のある時期について具体的に質問したところ、彼女は自分が宿ることになっている胎児を孕んで大儀そうに家事をしている母親の姿を心配そうに語ったという（「輪廻転生」ジョー・ホイットマンとジョー・フィッシャーの共著）。

このように、霊は自分が入ることになっている肉体を予約するし、その肉体およびその母親を知っているけれども、誕生の直前になっても、まだ肉体――胎児――に入らない。

霊が肉体に入る時期と関連して、もう一つ考えておくべきことがある。それは、先に述べた出産班にまつわる問題である。出産班は霊の潜在意識の中にある記憶が肉体に及ぼした影響であることは、すでに説明したが、それではその記憶は、いつ肉体に影響を及ぼすのであろうか。仮に霊が肉体に入るのが妊娠のときではなく、出産のときか、その直後だとしても、出産班が出来始めるのが出産以後だと断定することはできない。ワイズ博士が言うように、霊が妊娠初期にその胎児に入る予約を取っておくとすれば、その霊は予約を取った後、肉体の外から肉体に影響を及ぼすことも考えられる。それは、ある人が家を買い取って、引っ越す前にその家の模様替えをするようなものかもしれない。そのどちらであるかは明言できない。

ある霊がある胎児の肉体に入る予約を取りつけた相手は、胎児そのものであるはずがない。肉体は物質であって、霊からの予約を受け入れたり拒否する能力がない。そういう能力があるのは、霊的なもの、精神的なものであるから、おそらく胎児の親であると考えられる。これについては、後に述べるグループによる輪廻転生と関連づけて考えてみる必要がある。

輪廻転生の場合でなく、新生児の肉体と新生児と一緒に出来た霊とが結合する時期については、資料がないために、妊娠と同時か、妊娠後出産までの間か、あるいは出産と同時かも明言できない。

それでは、霊は徐々に肉体へ入るのだろうか、一瞬にして入るのだろうか。霊は一つのまとまりをなしたエネルギー体であって、質量がないから、肉体に入るにしても、物理的抵抗や摩擦がない。したがって、徐々にはなく、瞬時に入ると見るべきであろう。ワイズ博士は、新生児の誕生の時に、その肉体に出たり入ったりした霊があったと述べている。臨死体験の場合には、霊は自分の肉体から瞬時にして離脱し、瞬時にしてその肉体に戻って入るのである。

ところで、誕生のときまで霊が肉体と合体しないとすれば、胎児にはまだ霊が入っておらず、人間としての生命を持っていないことになる。とすると、胎児はまだ独立した人格ではないから、妊娠の人工中絶は殺人にならないという理屈になり、人工中絶賛成者らに有力な根拠を与えることになる。しかし、胎児はごく近い将来、霊が入って立派な人間になる可能性を持ったものであるから、人工中絶はその可能性を殺すことになるし、その胎児に入る予約を取っている霊からすれば、自分の所有物を無断で処分されることになるから、許し難い不道徳な行為だということになる。

霊界に残る記録

　このように、霊の記憶は、いつまでも潜在意識の中に残っているが、それよりも重要なことは、人間が考えたり、行ったりしたことが、霊界では微に入り細にわたって記録されていることである。これは、古くからいわれていることであって、宇宙のエーテル的なものに残された不滅の痕跡であると言う人もいる。

　それだけではない。さらに重要なことは、霊界に住んでいる霊たちが、人間界に住んでいる各人についてすべてを知っていることである。そのことは、臨死体験者の体験によっても証明されている。臨死体験者は一時的に霊界に入って、すでに霊界入りしている身内の霊たちと会って話してくるが、体験者の圧倒的多数は、言語に絶する霊界の美しさに感動するし、すべての霊が思いやり深く、愛に満ちあふれているので、人間世界では味わったことのない至福感に浸る。そして、もう人間界へ帰りたくないと言ってゴネ出す。すると、身内の霊たちは、「あなたはまだし残している仕事があるから、ぜひ人間界に戻りなさい」と説得するので、臨死体験者はしぶしぶ人間界に戻ってくる。

　これをみても分かるように、霊たちは人間界の誰がどのような任務を託されており、それをどの程度成し遂げているかを具体的に熟知しているのである。

現在、人間界では、インターネットを使って、世界のどこで起こっていることでも瞬時にして知ることができる。このことを考えると、人間界よりもはるかに次元の高い霊界のことであるから、人間界のことが詳細に記録されていても、また霊界に住む霊たちが人間界の人々のことを具体的に知っていても何ら不思議ではない。

このように、霊界では、人間界のことがすべて詳細に記録されているし、霊たちも誰がどんな任務を帯びていて、それをどの程度果たしたかということまで知っている。だから、人間が死んで、その人の霊が霊界入りするときに、その霊が人間として言ったり行ったりしたことが、必要に応じて大きなスクリーンに映し出され、霊たちもそれを詳細に知っているから、その場になってごまかそうとしてもごまかし切れないのである。

この世で凶悪な犯行をしながら、刑事裁判で優秀な弁護士を雇い、検察側が提出する証拠を片っぱしから否定して無罪になったとしても、その人の霊が霊界入りするときには、嘘は通らず、その犯行に加えて、弁護士を使ってごまかしたことに対する報いをも受けなければならない。その弁護士も、被告の犯行を知りながら法廷で嘘の弁護をしたとすれば、霊界入りするときにその嘘が暴露されて、その報いを受けなければならない。

たとえ誰も見ていないところで悪事を働いても、霊界はそれをつぶさに記録しているから、何事についても、天に対し、自分自身に対し、偽ってはならない。このように、誰も天を欺くことができないようになっているのである。

霊界の真相

ところで、霊界の次元はわれわれが住む世界の次元とは違うだけでなく、霊界にいる霊たちには、われわれのような時間、空間の概念がない。代わりに、状態およびその変化があるだけである。そして、われわれが永遠だと考えていることは、彼らにとっては無限の状態である。万事がこの調子であるから、霊界のことをわれわれの言葉で適確に説明したり理解することは、事実上不可能である。しかし、漠然とながら、その状態を記述することはできる。

霊界の構造とそこに住む霊たちの生活状態などを知る一つの方法は、今述べた臨死体験者の体験である。

臨死体験の歴史は古く、人類の歴史とともにあるといっても過言ではない。ところが、十七世紀から二十世紀半ば頃までは、臨死体験者がその体験を話すと精神病患者扱いされたり、嘲笑される傾向が強かった。そのため、彼らは語りたがらず、したがって、それに関する組織だった研究もなかった。

ところが、一九七五年にレイモンド・ムーディ博士が「かいまみた死後の世界」を出版し、さらにブライアン・ワイズ博士が一九八八年に「前世療法」を出版して以来、多くの精神科医や臨床心理学者は、臨死体験者の話に真剣に耳を傾けるようになった。

臨死体験者は、霊界の一部を見たり、すでに他界している身内の霊と会ったりするので、その内容は霊界を知る上で重要な資料になる。ギャラップの世論調査によると、十人に一人は臨死体験をしているという。したがって、彼らからかなり多くの資料が得られるが、その体験は時間的に極めて限られているし、霊界のごく一部をちょっとのぞいた程度であるから、霊界の全貌ないし霊界での霊たちの生活ぶりをつぶさに知ることは到底できない。

さらに、彼らの多くは、現世と次元が違う霊界での体験や霊界の情況について適確に表現することができず、霊界の美しさは表現を絶するとか、会った霊たちは皆親切で、思いやりがあり、この世で味わったことのない至福感に浸ったなどと述べる。

霊界を知るもう一つの方法として、いわゆる霊界通信を重視する人もいる。これは、人生を終えて霊界入りした霊が、霊界の様子などを、現世の霊能者を通して一般の人々に知らせる方法で、これも部分的ながら霊界の様子を知るのに役立つ。しかし、霊界通信というものは、その信ぴょう性が疑わしいものが多い。ことに送信した霊が誰なのかを確認するのが難しい。

かの三島由紀夫が、東都都牛込の陸上自衛隊司令部で割腹自殺を遂げようとして死にきれず、傍にいた弟子に首を切り落とさせて死んでから三、四年経ったときのことである。横須賀に住むある霊能者に三島由紀夫と名乗る霊が乗り移り、自動書記などをさせた。当時、関東には三島由紀夫の友人、知人が多く住んでおり、彼らの間でこれが話題になったが、その霊が本当に三島由紀夫の霊だったのかが疑問になった。それを確かめるために、この霊媒をあるより優秀な霊能者と対決させた。

すると、この霊媒に乗り移っていた霊が平身低頭して、三島由紀夫自身ではなく、彼の首を切り落とした弟子であることを白状した。この弟子の霊に言わせると、自分の名前だと誰も相手にしてくれないから、三島由紀夫の名前を借りたということだった。

このように、霊界通信は、送信者が誰か、その内容がどの程度正確で信ぴょう性があるのか、またどんな意図で送信してきたのかなどを確認することが難しい。さらに、受信した人が、どの程度正確に受信しているかなども問題になる。これらの点を考え合わせると、霊界通信なるものにあまり信頼を置かない方が安全である。

第三の方法は、スウェーデンボルグの体験記録を通して知ることである。彼は自ら、天国だけでなく地獄をも探訪し、さまざまな霊と会話や討論をした後、この世に戻って見聞したことを書き留めているから、霊界の事情を知る上で、彼の著書に優るものはなく、霊界を論じる人は大抵彼の著書を参考にしている。

しかし、彼はもともとキリスト教の牧師の家庭に生まれ、自ら敬虔《けいけん》なクリスチャンであった上に、今から二百数十年も昔のヨーロッパで生活していたから、そうした背景で霊界を見てきたと思われる節も多い。そのため、彼の著作の中には、キリスト教および聖書に関する予備知識が十分なければ親しみ難いところが多々ある。

それと同時に、霊界のことをこの世の言語で表現しようとすると、構造上無理が出てきたり、主観が入りこむ傾向があるために歪められたりするが、これはやむを得ないことである。

スウェーデンボルグは、生涯の最後の三十年間を、霊界の様子を人間に伝えることに専念した人である。だから、死後霊界入りした彼の霊が霊界通信を送ってきてもよさそうなものであるが、そのような記録はない。霊界では、人間界への通信をかなり厳しく制限しているといわれているから、そのためかもしれない。

このように、霊界の全貌を正確に知ることは不可能であるが、本書では、スウェーデンボルグの著書や精神科医らの研究成果および臨死体験者らが述べていることの中で、比較的共通し、合理的で信ぴょう性が高いと思われること、さらに筆者が接した数々の霊能者や霊との対話などを参考にして霊界を論じることにする。

すでに述べたように、霊界には天国、地獄のほかに、精霊界がある。人間の死後、その霊はまず精霊界に行き、それから天国か地獄へ行くことになる。したがって、精霊界を先に記述するのが順序であるが、理解しやすいように天国、地獄、精霊界の順に説明する。

第五章　天の理法（神の英知）と愛とが支配する天国

スウェーデンボルグは、天国および地獄をそれぞれ三つの層に分けており、現在では多くの人々がこの分け方を取り入れている。

彼によれば、天国は第三層天国、第二層天国、第一層天国に分かれており、格が一番高い第三層は中央に、次に高い第二層はその外側に、最下位の第一層はさらにその外側というように、三つの層を同じ平面上で、横の位置関係にあるように説明しているが、いずれにしても四次元の空間を超越した霊界のことであるから、縦とか横の関係というのは正確な表現ではない。

しかし本書では、理解しやすいように、これを上、中、下と縦の位置関係にし、最高の層を上層天国、次を中層天国、一番下を下層天国と呼ぶことにする。スウェーデンボルグは、各層の間は霧の幕のようなもので仕切られていて、それぞれの間には交流はほとんどないが、まれに流入してくる霊がいると述べている。

天国と地獄の明暗を分けるもの

上層天国の光と熱は、地球上の太陽の光と熱よりも数倍強烈であり、中層天国、下層天国へと下がるにつれて少しずつ弱くなる。

このことは一体何を意味するのだろうか。スウェーデンボルグはその光と熱の根源を天国の太陽と表現し、その太陽は常に天国に住む霊の胸の高さくらいのところにあって、昇ることもなければ沈むこともないという。また、その光は強烈であるが、霊眼で見るので、少しもまぶしくないと述べている。

彼はさらに次のように述べている。

「天国の太陽は神の本体の一部であって、直接神から発しており、その光は神の真理であって、霊たちがものを見たり考えたりする理性の基礎になっている。また、熱は神の善であって、霊たちに命を与え、かつ神や隣霊に対する愛の根源になっている。したがって、このような光と熱の中にいる霊たちは、平和と愛と真理と美と善と快適さの中にあって、最高の至福感に浸っており、そこには否定的な要素は何もない」

このように、霊界の光と熱、つまり神の真理および善とは、上層天国では最も強烈であるが、中層、下層天国へと下がるにつれて少しずつ弱くなる。

ところで、神は遍在しておられるから、霊界に住む霊たちに対しても、神は上層、中層、下層の区別なく、その理性と英知、さらには愛の手を平等に差し伸べておられる。

それでは、なぜ上層天国、中層天国、下層天国によって光や熱、つまり神の英知や愛の強度が違うのだろうか。それは、そこに住む霊たちの受け取り方が違うからである。

元来、光にしても熱にしても、それらを受け止め、それらに反応するものがなければ、明るくもなければ温かくもない。宇宙空間には何兆という数の星があって、それらの星から出た光と熱とが絶えず縦横に走っているが、宇宙空間は暗黒で、氷点下六、七十度の温度しかない。

その光を人間が望遠鏡で受け止めて、初めて光として見え、その熱が温かさとして感じ取られ、その結果、その光と熱を発した星の位置および性質が分かるのである。

上層天国は、神の愛と英知を象徴する熱と光で満ち、極致に近い真、善、美、聖という要素が支配的で、高度な秩序、調和、統一、平和が保たれ、寛容、慈愛、善意、自制が支配的な世界である。したがって、そこには軍隊や警察、また法律などは必要ないから、存在しない。そこに住む霊たちは、神の愛と英知とを全面的に（大ざっぱに言って九〇ないし一〇〇パーセント）受け入れ、それに応えて神を愛し、隣霊を愛し、真実と善とを愛している。ゆえに、そこの熱と光は最も強烈なのである。

これに対して、中層天国に住む霊たちは、その受け取り方が全面的でなく、七〇ないし九〇パーセント程度であるから、そこの光と熱は上層天国の七〇ないし九〇パーセントしか感じ取られない。次いで、下層天国の霊たちは、それらを五〇ないし七〇パーセント程度しか受け入れず、その程度しか反応しないから、そこの光と熱の強度は五〇ないし七〇パーセント程度である。

これを別の角度からいえば、この世で生活している間に、神の愛と知性、つまり善と理性とを九〇ないし一〇〇パーセント受け入れて生活した人たちの霊は上層天国へ入れるのであり、七〇ないし九〇パーセント程度の人々の霊は中層天国へ、五〇ないし七〇パーセント程度の人々の霊は下層天国へしか入れないことになる。

天国の様相

ところで、天国の各層には、部落、村落、町などがあるが、その数は上層天国ではそれほど多くはない。一方、中層天国、下層天国になると、数千万から数億もあるといわれる。そして各部落には、神に対する愛、隣霊に対する愛、真実や善に対する愛などのレベルが同じ程度で気心の合った霊たち同士が住んでいて、レベルが違ったり気心が合わない霊は入れない。そういう霊は、そういう霊たち同士が住んでいる部落へ行く。このような仕組みになっているのは、それぞれの部落の調和と秩序と統一と平和とを維持するためである。

上層天国の部落の中央には宮殿があるが、宮殿の建物、部屋、廊下などは、すべて金、銀、貴金属、宝石などのようなもので出来ており、その装飾も含めて、この世のものとは思えないほどすぐれて美しく、その美しさは人間界の一流の画家や彫刻家でも表現できないほどだといわれる。

中層、下層天国にあるそれぞれの部落の中央にも宮殿があって、そこには部落の中で最も有力で徳の高い霊が住んでおり、部落の平和と秩序を維持する責任を負っている。それを取り巻くかのように、霊たちの住宅が整然と並んでいるが、これらの住宅は宮殿を取り囲むにふさわしい美しさを備えており、住宅の構造、様式、形、大きさなどは、村落や部落ごとに同じで、木造建てなら皆木造建て、れんが建てなら皆れんが建てである。

ただし、金、銀、貴金属、宝石、あるいは木造建てとか、れんが建てなどといっても、いずれも霊的な意味での表現であって、物質世界にある金、銀、宝石、木造、れんがではない。霊界にあるものはすべてが霊的なものであって、人間界にあるような物質はない。

これらのことから推測できるように、人間世界でそれぞれ天国の各層の特徴に合った程度の英知と愛とを身につけた人の霊は、死後それに見合った層へ行く。ここで愛というのは、天の理法で、天の理法というのは愛および真、善、美、聖である。信仰心が強く、常に神を意識し、神の愛を感じて感謝し続けている人は、概して自分を愛するよりも神を愛し、隣人を愛し、隣人のために献身的に奉仕し、かつ正義感が強く、人の悪を思わないし、自分の社会的地位、名声、権力、欲求などには一向に頓着《とんちゃく》しない。この世の社会的地位、名声、権力などは霊界では何の意味も持たない屑《くず》のようなものであるから、このようなことに頓着しない人は、天国の知性と愛に共通したものを身につけているといえよう。

人類の歴史を通して見ると、万物の創造主である神を知らないまま霊界へ行った霊も無数にいる。こういう霊はいずれも天国へ入れなかったかといえば、必ずしもそうではない。この世で真実を愛し、善を行い、俗世間的なものを排除して生きた人の霊は、天の理法にしたがって神を愛し、隣人を愛したことに通じるから、天国へ入っている。

世の中には無神論者もいるが、彼らは性格的に概して傲慢であり、頑固であって、神の理法を見ようとも、それに耳を傾けようともしない。そういう人の霊は、天国に収容する部落がないから、天国へは行けない。要するに、天国のどの層に行けるかは、現世における生活態度によって決まるのである。

天国に住む霊たちは、これ以上の幸福はないと思われるほどの至福感に浸っているが、その至福感も現世での幸福感とは異質的なほど強く、充実したものである。

霊たちの生活ぶり

現世で生活しているときに、一生病気で悩んだり身体障害者であった人の霊でも、霊界へ入れば肉体を脱ぎ捨てているので、肉体が負っていた病気や障害から解放され、健康な姿になる。また、老衰で死亡した人の霊も含めて、その多くは二、三十歳代の若々しい姿で暮らしている。霊界では年を取らないから、老いることもない。

彼らは、現世の住宅と似たような住宅に住み、似たような衣服を着ているが、住宅や衣服もすべて霊的なものであって、自分たちが稼いで得たものではなく、神から与えられたものである。

霊界にも言葉がある。しかし、肉体の束縛から解放された霊は、人間的なしがらみを脱ぎ捨てて偽りのない赤裸々な姿になっているから、何を考えてもそれがそのまま表情となって現れ、他の霊たちはそれを見ただけで、その霊が何を考え、何を言おうとしているかが分かる。英語にはbody language（肉体語）という言葉があるが、これは人の顔の表情や身ぶりなどを通してその人の考えや感情を知るというものである。また、日本にも「目は口ほどにものを言い」という表現があるくらいであるから、霊界では容易に霊同士の意志の疎通が図られている。

その生活ぶりも、人間界とあまり変わりはないといわれる。学者は学者、芸術家は芸術家、音楽家は音楽家として暮らしている。現世と根本的に違う点は、現世では人間は肉体の中に閉じ込められて生活しているため、自ら物質的概念にとらわれ、粗雑で、曖昧な考え方しかできないが、天国にいる霊たちは、肉体から解放されているので、その考え方や愛情は、幅が広く、大きく、また質的にもすぐれていることである。彼らは、この世の言葉では表現できないほど高度ですぐれたことを考えたり表現したりしている。

このように、霊界での学問は、人間界の世の学問よりもはるかに進んでいる。先に、神は真理の極致だと言ったが、天国で追究される真理は、現世のものよりも極致に近い。それも上層天国では最も近い。

美を追求し表現する芸術についても、同じことがいえる。音楽の演奏についていえば、現世でピアニストだった人は霊界でもピアノを弾いており、バイオリニストはバイオリンを奏している。ただし、霊界にはスタインウェイもなければ、ストラディバリもない。彼らが奏でる楽器は霊的な楽器であるから、物質を通したときのような雑音も入らなければ空間的制約も受けない。そのため、その音楽は現世では聴くことができないほど純粋かつ精巧で、現世より格段にすぐれている。

彫刻についても同じことがいえる。天国での彫刻は、この世のいかにすぐれた彫刻家でも到底表現できないほど美しく、その美しさは人間の言葉では適切に表現できない。

この世で聖職者であった人の霊は、天国へ行っても説教を続けている。

第六章　悪霊たちがつくっている地獄

天国が光と熱に満ちた世界であるのに対して、地獄は闇と犯罪に満ちた世界である。地獄も三つの層から成っており、仮にこれを上層地獄、中層地獄、下層地獄と呼んでおこう。この世で五〇パーセント以上七〇パーセントまで神の理法に背いた人の霊、つまり悪霊たちは上層地獄に、七〇パーセントから九〇パーセントまで背いた悪霊たちは中層地獄に、それ以上背いた悪霊たちは下層地獄に住んでいる。

神は遍在しておられるから、神の愛と知性は、天国と同様、地獄にもいきわたっているが、上層地獄にいる悪霊たちは、それらをごくわずかしか受け取らない。そのため、上層地獄には電熱器程度の光と熱しかない。

次いで中層地獄にいる悪霊たちは、神の愛と知性を二〇ないし三〇パーセント程度しか受け入れないから、そこの熱と光は炭火程度である。最後の下層地獄の悪霊たちともなると、ほとんど全く受け入れないから、そこは暗黒で冷たい世界である。

地獄に住む悪霊たちは、人間界に住んでいたときサタンに協力した人々の霊である。サタンは、常に人々を神から離反させようとしている。すなわち、人々の心を自己中心的・世俗的にし、世間的な地位、名誉、名声、富などに対する欲望、あるいは肉体的な欲望などを刺激して誘惑するのである。

一方、人間の中には、その自主性を濫用してサタンの誘惑に乗る者がかなりいる。こういう人々の霊、心、精神は、知らず知らずのうちにサタンに毒され、自己中心的になり、俗世間的な欲求、つまり社会的な地位、名声、物質的、金銭的な富や肉体的欲求を満足させることばかりに興味と関心とを持つようになる。そのため、その人の霊は偽、悪、醜、俗に染まり、尊大、激怒、暴力、敖慢、貪欲、虚栄心、利己主義、意地悪などという否定的な要素に染まる。他人を嫉妬し、憎悪し、その結果、いがみ合い、紛争、葛藤、闘争を好むようになる。すなわち、神側の価値と相いれない異質的なものを身につけてしまう。

こういう人々の霊は、神の理性、知性、つまり天国の理法に反した霊であるから、それらを受け入れてくれる村落は天国にはない。


ところで、地獄の各層にも無数の村落、部落があって、それぞれ特徴を持っており、それに合致した霊たち同士が集まっている。そこには異質の霊は入れない。この世で権力欲にとりつかれ、他人の利益を犠牲にしてまで自分の政治的、社会的権力を追い求めた人たちの霊は、いずれも同じ部落に住んでいて、そこでお互いに権力欲を満足させようとして権謀術策をこらし、熾烈な闘争を繰り広げている。

嘘つきを常習としていた人の霊は、嘘つき同士が住む部落に住んでお互いに嘘をつき合い、騙し合っているし、淫行《いんこう》を好んでいた人たちの霊は、淫行愛好家たちの霊だけが住んでいる部落へ行って、同じ行為を繰り返して喜んでいる。

この世で人身の拉致、殺人のような凶悪犯罪を好んでしていた人たちの霊は、同類の霊たちが住む部落に入り、同じような残虐行為を重ねては低俗な快感を味わっている。ところが、霊は死なないし、死ねないから、これら残虐行為の被害霊の苦痛は言語に絶するものがあり、彼らが悲痛な声を上げて助けを求めると、仲間の悪霊たちはかえって面白がって、一層虐待する。

地獄を訪れたことのあるスウェーデンボルグによると、新しい霊が部落に入ってくると、その部落にいる悪霊たちは、仲間が増えたとばかり、友情をもって迎える。ところが、それもつかの間で、やがてどんな下心で来たのか、どの程度値打ちのあるやつかなどを調べ、それが終わると嫌がらせを始め、新参の霊をなぶった後、リンチにかけて痛めつける。その霊が服従して奴隷になるまで、その行為を止めないという。

地獄には天国のような住宅はなく、彼らは洞窟のような所、あるいは火事場の跡とか都市の廃墟のような所に住んでいる。そして、それぞれの部落は、それぞれの特徴に合った特有の悪臭を放っており、その悪臭たるや、天国にいる善霊たちには耐えられないほどである。が、地獄の霊たちは、逆にその悪臭に快感を覚えるように出来ているので、逆にそれに引きつけられてしまう。

地獄では絶えず反乱が起こり、誰もがボスになりたがる。次から次へと乱暴を働き、奴隷だったものが別の悪霊の手を借りて奴隷状態から解放される。地獄では、暴挙と狂乱とを鎮めるために、恐怖、脅迫という手段が使われるのである。

先に、霊にも姿ないし形があると述べたが、地獄にいる霊たちも例外ではない。彼らはお互いを人間の姿として見ている。万一天国へ迷い込んでも、天国の光と熱に耐えられないし、天国の善霊たちには悪霊の顔が凶悪な怪獣ないし怪物のように見える。そのため、その霊は、水を取り上げられた魚のように息苦しくなって、自然に本来いるべき地獄へ落ちていく。

このように、地獄では、世俗的なものに対する愛と自己愛という、二種類のマイナスの愛が支配的であり、その力が地獄をまとめているのである。これらの愛は、他人を愛さず、他人に奉仕せず、もっぱら自分を愛し、自分の利益のためには他人の命や利益を犠牲にしても意に介さない。ある霊が自分の利益に奉仕してくれている間は、その霊を愛するけれども、いったん奉仕しなくなると一転して憎悪に変わり、相手を脅迫するようになる。

ただ、愛なる神、赦しの神は、神の理法に背いて地獄にいる悪霊たちにも救いの手を差し伸べておられる。

その一つが輪廻転生という制度である。人間が蓄積したマイナスのカルマは、人間界でしか償うことができない。ゆえに、カルマを償うためにもう一度人間として生まれ変わってくるのであるが、この救いの手を受け入れるかどうかは、霊自身が決めることである。

スウェーデンボルグは何度も地獄を訪れて、そこに住む悪霊たちと会っているが、彼によると、この世でキリスト教の聖職者だった人も多数地獄にいるらしい。最近、欧米で多数のカトリック教会の聖職者が青少年に性的暴行を加えて問題になり、マスコミも大々的に取り上げたが、そういう理由から、彼らが地獄に住んでいることは何ら驚くに値しない。

しかし、彼が「霊界日記」に記している次のことは、驚嘆に値する。

それは、一五八五年から五年間ローマ法王であったシクトゥス五世や、一七四〇年から十八年間、同様にローマ法王であったベネディクトゥス十四世の霊が、地獄にいるということである。

スウェーデンボルグによると、聖職者たちの中で、自分が聖人として崇められることを嫌った人たちの霊は、天国でも非常によい部落に住んでいるが、逆に自分が聖者として崇められることを人々に強要した、つまり自分が神の代理者であるとか、イエス・キリストの再臨であると人々に信じ込ませようとした聖職者らの霊は、地獄に住んでいるという。いくら聖職者でも、相対的な人間であって、絶対的、霊的存在で、万物の創造主である神とはかけ離れた存在である。なのに、あたかも自分が絶対的、霊的存在である神、あるいはイエス・キリストであるかのように信徒に信じ込ませようとしたことは、自分たちの身分を逸脱し、天の理法に背く行為である。そうした聖職者たちであるから、天の理法が支配的な天国には、そういう人の霊を受け入れる場所がない。したがって、彼らの霊は、自ら地獄へ落ちていかざるを得なかったというのである。

第七章　精霊界

人間的しがらみをまとった精霊

現世で人間生活を終えると、霊と肉体は分離するが、その直後の霊には、人間的なしがらみがまとわりついていて、霊としての純粋な姿になっていない。そのために、その霊の真価ないし霊格の程度が判然としない。

人間は、この世で生活している間にさまざまな性格を身につける。それによって、あの人は善人だとか悪人だという烙印を押される。善人と呼ばれる人の中にも、心が温かく、人の面倒をよくみる人もいれば、表面では善人面をしていながら、心の中では自分の利益ばかりを追求する人もいる。そしてそういう人の中には、他人に対して冷たく、人を嫉妬したり、嫌悪したり、罵倒したりする人もいる。

また、人付き合いが悪くて、一見隣人に対して無頓着そうに見えても、人が見ていないところで心温まるような親切心を発揮する人もいる。真、善、美に心を強く引かれる人もいれば、それらに無頓着で、嘘をついたり、物質的、肉体的欲求に駆られて人の物を盗んだり、女性を騙して快感を覚える人もいる。

人間の心ないし精神には、このようにさまざまな要素が絡みついている。これを称して人間的なしがらみといい、このような状態の霊を精霊と呼ぶが、精霊のままだと、それが天国のどの部落へ行けるのか、地獄のどの部落へ行かなければならないのかが、判然としない。

天国行きか、地獄行きかを決めるもの

精霊界は、精霊がこのような人間的なしがらみを洗い流して赤裸々な姿の霊になるところである。

その霊の霊格が明らかになると、それに応じてその霊が天国のどの層のどの部落へ昇っていくのか、地獄のどの層のどの部落へ落ちていくのかが、自ずから判然としてくる。だから、精霊界にはそれを判定する裁判官のようなものがいるわけではない。またその必要もない。

このように、精霊界は、霊にとっては人間界から霊界へ行く途中駅のようなところである。天国は神の理法、天の理法が支配している世界であるから、人間として生きている間に、天の理法を身につけた霊は天国へ、逆にそれに反逆した人の霊は地獄へ行くことになる。すなわち、その霊が人間として生きている間に、その霊自身が行き先を決めているのである。

精霊界にいる精霊が天国の特定の部落へ行くことに決まると、その部落から二、三の霊が来て、その精霊がその部落に住むにふさわしい素質を身につけるための教育ないし訓練をする。ただし、地獄へ行く霊は教化される見込みがないから、そのような訓練は無駄であって、行われない。

それが終わると、その霊の前に天国のその部落へ通ずる門が開かれ、自然とそこを通っていくようになる。地獄の部落へ行く霊には、自らその部落へ通じる門が開かれ、その門を通って真っ逆さまに落ちていく。このような門は、通常、他の霊には見えない。

そのときになって、「いや、私はアメリカの大統領でした」とか、「有名な映画俳優でした」などと言っても、全く通用しない。この世の社会的な地位や名声などは、霊界では反故《ほご》のようなもので、全く意味がない。この世でいくら財産をためても霊界へは一文も持っていけないし、賄賂も使えなければ弁護士も雇えない。神の慈悲にすがろうとしても、どうにもならない。神は愛そのもの、慈悲そのものであられるから、一つの霊でも地獄へ落ちていくことを望んではおられない。しかし、先にも述べたように、神は偽、悪、醜、俗などと妥協されることは有り得ないから、地獄へ行く霊をそのままの状態で引き上げてはくださらない。その代わり、そのような霊は輪廻転生してもう一度人間として霊格を高め、将来よりよいところへ行ける道を開けておいてくださっているのである。

臨死体験者の霊は、大抵まず精霊界を訪れるが、彼らは永住するために精霊界を訪れているのではないから、ふつうはここに短時間留った後、天国の一部を見てくるのである。

新たに死んだ人の精霊や臨死体験中の霊が、すでに霊界入りしている親、兄弟姉妹、配偶者、親戚、友人たちの霊と会うのも精霊界である。つまり、それらの霊が会うために精霊界へ来てくれるのである。ただし、自分と性格や気性が合った臨死体験者とはかなり長時間親しく話し合うが、そうでない体験者とは短時間しか会わないといわれる。

いったん天国または地獄入りしながら、輪廻転生を決意した霊も、再び精霊界へ戻ってきて、機会の到来を待つといわれる。

このように、精霊界は、地上生活を終えた霊たちのうち、後に述べる自縛霊を除いたすべての精霊が毎日数十万も来るところである。そのため、ここにいる精霊の総数は常時二、三十億を下らないとみられる。

第八章　輪廻転生

　輪廻転生はあらゆる生物の中で人間だけに当てはまる仕組みである。なぜなら、第一に、人間の霊魂だけが永遠の生命を持っているからであり、第二に、人間以外の生物は本能のおもむくままに行動し、善悪の判断力もなく、その行動に対して責任を取る必要もないからである。

　輪廻転生は、もともとカルマという思想に基づいている。カルマというのは、因果の法則によって原因がつくった結果のことで、それには二種類ある。一つは、善行をすれば善い結果を生み、善い報いがあるという善因善果であり、もう一つは、悪行をすれば悪い結果を生み、悪い報いがあるという悪因悪果である。仮に前者をプラスのカルマ、後者をマイナスのカルマと呼んでおこう。

輪廻転生に関していえば、カルマは通常、後者である。つまり、ある人がこの世で生活していた間に、神や社会や隣人に対して悪事を働いたために、悪い結果を生んだまま死んだので、その償いをするためにもう一度人間として生まれてきて、前世で行った悪行の償いをして自分の霊格を高めようというものである。

輪廻転生の思想

輪廻転生の思想は、四、五千年昔から東洋にも西洋にもあった。しかし、現在では主に東洋、すなわちヒンズー教徒、仏教徒、チベット人の間に深く根を下ろし、西洋ではそれほどではなくなった。ことに現在のユダヤ教、キリスト教、イスラム教などは、どちらかといえば、これに否定的である。

しかし、ユダヤ教の古典カバラには輪廻転生のことが書かれていたし、三世紀時代のキリスト教グノーシス派の人々は、イエスが「霊はこの世の一つの体から別の体へと、次々に注ぎこまれる」と語ったと信じていた。

このように、初期のキリスト教界の指導者や信徒の中には輪廻転生を信じていた人が多かったし、当時の新約聖書にもそれに関する記述があったといわれている。

三世紀から四世紀初めにかけてローマ皇帝であったコンスタンチン大帝（二七五―三三七年）は、ローマ皇帝として初めて熱心なキリスト教徒になり、キリスト教会を合法化した人物である。彼は、聖書の中に輪廻転生という思想があるのを気にし、これがキリスト教でいう最後の審判という思想だけでなく、キリスト教会自体の権威をも損なう恐れがあると考え、三二五年に聖書からこの概念を抹殺した。それから二三〇年ほど後に開かれた第二回宗教会議は、コンスタンチン大帝の主張を容認し、以来キリスト教は輪廻転生とは無縁になった。

しかし、一九七〇年代以降、アメリカやイギリスの精神科医や精神分析学者の間で、臨死体験や精神病治療のための前世研究が盛んになったのに伴って、彼らは輪廻転生が事実であることを認めざるを得なくなり、現在では西洋の一部有識者らも、これを受け入れるようになった。

カルマの清算

精神科医や精神分析学者たちの研究によると、この世での生活を終えて霊界入りした霊の中には、何度も繰り返し人間として生まれ変わった、つまり輪廻転生した霊がかなり多いことが分かった。

その動機は、大別して三つに分けられる。第一は、前世でマイナスのカルマを残したので、その償いをするためというものであり、第二は霊格を高めるため、第三は使命感によるものである。

第一の動機であるマイナスのカルマという考え方は、先述したように、前世で行った悪事の償いを来世でしようというものである。このようなカルマを残すことになった原因は、神や世間や隣人に対して十分な愛と奉仕の精神をもって接することなく、神の存在を否定したり、神を冒瀆したり、戦争やテロを行って罪のない人々を殺傷したり、自己中心的になって、人を恨み、憎悪し、ひがみ、嫉妬し、中傷し、人の不利になることを故意に行ったり、あるいは自暴自棄になったり、いら立ったり、愚痴を言ったりしたことなどである。こういう否定的な感情を持ったり、否定的な行為をするたびに、その人はマイナスのカルマを積み重ねたわけである。

霊が霊界入りし、自分の前世を反省した後、輪廻転生しようと決意する場合には、通常、聡明で協力的な三人の教助霊が助言してくれる。これらの教助霊は、教助を受ける霊が前世でしたことを詳細に知っているが、その霊を裁くのではなくて、輪廻転生した場合に、どのような点に注意し、何をどのように償ったらいいかなどについて、助言する。ただし、輪廻転生するかしないか、また、した後何をどのようにするかは、あくまでその霊自身が決めることである。

第二に、人格の低い人は霊格も低く、そういう人の霊は霊界へ行っても、それに相応した低い部落にしか行けない。もっと良い所へ行きたければ、霊格を高めなければならない。それは、人間の世界でしかできないから、輪廻転生しようというのである。

ところが、ある霊が輪廻転生しても、霊界で意図し、決意したとおりにカルマの清算ができるとは限らない。逆に、マイナスのカルマをさらに積み重ねて、霊格をさらに下げる結果にならないとも限らない。

このように、輪廻転生は、霊にとって危険を伴う面もある。

使命感による転生

ところで、病気や交通事故などのために自分に与えられた使命を全うできないまま死んだ人の霊の中には、その使命を完遂するために輪廻転生するものもいる。このようなケースは、われわれの周囲にかなりたくさんある。万有引力を発見したアイザック・ニュートン（一六四二―一七二七年）は、ヨハネス・ケプラー（一五七一―一六三〇年）の輪廻転生であるという説もその一例である。ケプラーは惑星の運行に関する三つの法則を発見しており、彼の死後十二年経って誕生したニュートンは、この三法則をさらに発展させて万有引力の法則を発見した。

これに類する輪廻転生に、宗教的使命感によるものもある。チベットのダライ・ラマは、歴代のダライ・ラマの転生だといわれている。彼の霊格はすでに高く、霊界でも高い位置にいるはずであるから、いまさら霊格を高める必要はないはずである。したがって、これは宗教的使命感からの輪廻転生といえる。

幼少で純真無垢のまま死んだ幼児の霊は、輪廻転生しないといわれている。物心もつかないまま霊界入りした幼児には、問うべきカルマはないし、天から与えられた使命感の自覚もないから、このような幼児の霊は霊界に入ると特別な教育を受け、特別な任務に就くといわれている。

なお、スウェーデンボルグは、輪廻転生という思想に否定的であった。これは当時、ヨーロッパには輪廻転生という思想がほとんどなかったことと、当時の聖書にそのような記述がなかったことが影響しているものと思われる。

輪廻転生のプロセス

輪廻転生では、一つの霊が一回だけではなく何回も転生するケースが多いと述べた。ブライアン・ワイズ博士の著書「前世療法」の中心的登場人物であるキャサリン嬢がトランス状態にあったときに、ある教助霊が発言して、彼女は八十六回も輪廻転生したと語ったが、実際に彼女が語った前世は十二回であった。

ある霊が輪廻転生する場合、手当り次第にある胎児の肉体に入るわけではなく、ここにも一定の秩序ないし原則、つまりロゴスがあって、それに従うようである。すでに述べたように、胎児の肉体に入ろうとする霊は、血縁関係のある胎児に入って輪廻転生することが非常に多い。

身内あるいは近しい霊がいくつか集まってグループをつくり、そのメンバーが相前後して輪廻転生することもしばしばある。その場合、前世での相互関係はそのまま維持されるわけではなく、前世での親子関係が来世では逆になったり、兄弟になったり、親戚になったりするし、前世で女性だった霊が、来世では男性になる例も多い。時々女性でありながら、体つき、動作、ものの言い方などが男みたいだといわれる人がいるが、そういう人はおそらく前世で男性であったために、その特徴が潜在意識の中に残っていて、それが影響しているものと考えられる。もちろんその逆の場合も多い。

かつて古代エジプトのある部落に住んでいた人の霊が、アメリカの奴隷の娘に転生したり、日本で売春婦になったりした例もあって、転生する場所もまちまちである。あるときには白い肉体に宿ったり、ある時には黒い肉体に入ったり、黄色い肉体に入ったりする。霊は、転生に当たって人種、国家、宗教、性などの違いに拘泥《こうでい》しない。しかし、人間として生きていたときに身につけた霊格、記憶、感覚、感情などは、そのまま潜在意識の中に持ち続けられる。

精神科医による前世研究は、一九七〇年代以降、アメリカやカナダやイギリスで急速に盛んになった。なかでもアメリカでは、バージニア大学のイアン・スティーブンソン教授、レイモンド・ムーディ教授、マイアミ大学のブライアン・ワイズ博士、カナダではトロント大学のジヨー・ホイットマン博士らが有名である。

中間生の期間

ある人が死んで、その霊が輪廻転生するまでの期間を中間生と呼ぶが、その期間について、中間生の世界的権威であるホイットマン教授は、最短で十カ月、長い場合には八百年以上に及び、平均して四十年程度であるという。同博士の被験者の何人かは、第二次大戦で戦死し、戦後三、四年から二十年以内に転生している。彼らは、アメリカでベービー・ブーマーと呼ばれる世代に属する人たちである。紀元前五世紀のギリシャの歴史家ヘロドトスは、古代エジプト人の中間生は三千年だと教えていたというが、これには学問的根拠はなさそうである。

ところで、興味深いことに、ホイットマン博士は、過去数百年の間に中間生の期間が縮まったという。このことは、それだけ早く輪廻転生してマイナスのカルマを清算したい霊が増えたことを意味する。つまり、それらの霊が地上で生活していた時代の世相が悪く、戦争、テロ、凶悪犯罪などが多かったために、それらに手を貸してマイナスのカルマを負った人が多くなっていることを意味する。もし多くの人々が善良で、人格が高ければ、それだけ世相は良好で、平和であり、マイナスのカルマを負ったまま霊界へ行く霊も少なく、したがって、輪廻転生を希望する霊も少なくなるはずである。

第九章　霊界にいる霊と人間との関わり

人間の社会では、人々は常に家族、親戚、先生、友人、あるいは行きずりの人々と関わり合いながら生活している。その中には善人もいれば悪人もいる。常に善人と付き合っていれば、その人も感化されて自ら善人となり、霊格を高め、死後その人の霊は天国へ行くが、悪人と関わっていると、知らず知らずのうちに自分も悪人になり、霊格を下げ、死後は地獄へ行かざるを得なくなる。

これと同じように、大部分の人は、意識していないけれども、霊界にいる善霊や悪霊と関わりを持ちながら生活しているのである。例えば、ある人が危険に陥りそうになると、それを避けさせてくれる守護霊もいれば、難題を抱えて困っているときに、霊界から解決策を教えてくれる教助霊もいる。これらの霊は天国にいる善霊である。

他にも、生前自分の欲望を満たせなかったために、機会をとらえては意志の弱そうな人に憑依して、その人の身体を使って自分の欲望を満たそうとする利己主義な霊もいる。さらに、人々を窃盗、殺人などの罪に陥れたり、故意に危険に誘いこんで死亡させ、霊界にいる自分たちの仲間を増やそうとする憑依霊もいる。このような霊は、いうまでもなく悪霊である。世の中には、憑依霊その他の悪霊にとりつかれていながら、そのことに気づいていない人が非常に多い。

人間は真偽、善悪を判断する能力を持っているから、成人であれば、かなりの程度まで悪霊の影響を受けているかどうかの判断がつき、悪霊との関係を断ち切ることができる。ところが、そのことを意識しながら、関係を断ち切ることができずにいる人もいる。そのような関係を続けることは、本人の責任であるから、当然その人が結果に対して責任を取らなければならない。

人間の霊感

人間の肉体には視覚、聴覚、臭覚、味覚、触覚という五つの感覚がある。それらは、それぞれ目、耳、鼻、舌および皮膚などが司る感覚である。

ところが、霊と関係する場合には、肉体の感覚は通用しない。霊には肉体が持っている五感に相応する霊的感覚があるが、それは一般に第六感とか霊感と呼ばれでいる。すなわち、第六感というのは、肉体の五感以外の感覚、つまり霊感のことである。例えば、遠方にいる身内の者が今亡くなったと感じ、後で調べてみたら、正しくその時刻に死亡していたということがままある。これを称して、多くの人は「予感がした」と言うが、実はその人の霊感が感受したのである。

臨死体験というのは、ある人の霊が肉体を残して霊だけで霊界を訪れる体験のことであるから、その体験はいうまでもなく、肉体の感覚ではなくて、霊感が感じた体験である。

ところが、肉体の五感がそうであるように、霊感も人によって感受性の程度が違う。特に霊感にすぐれた人を霊能者というが、そうした人の中には、ふつうの人には見えない霊が見えたり、数百キロ、数千キロも遠方で起こっていることが見える感覚を持った人もいる。そのような能力を、霊視、または透視という。また、霊が言うことを聞ける能力、つまり霊聴力にすぐれた霊能者もいる。

霊能者は、その霊的能力の種類によってさまざまなタイプに分けられる。例えば、霊界にいる霊の言うことが聞けるタイプ。霊と対話ができるタイプ。あるいは自分の身体を一時的にある霊に憑依させ、その霊に自分の声帯を使って語らせたり、自分の手を使って自動書記させるタイプ。これらのタイプの霊能者を、人間と霊との媒介をするという意味で、霊媒と呼ぶ。他にも、ある人に憑依している悪霊を説得して追い出す能力を持っている人もいる。

次に、人間と特に深い関わりを持つ守護霊、教助霊をはじめ、地縛霊、憑依霊などについて説明しよう。

守護霊に守られた人間

守護霊とは、ある特定の人が危険に陥らないように常に守ってくれている霊のことである。有能な霊能者は、ある人の守護霊を霊視することができるし、守護霊が言うことを霊聴することもできる。

守護霊は、すでに霊界へ行った父母、祖父母のように、身内の霊がなることが多いが、血のつながりのない霊がなることもある。例えば、他人の子どもを肉親も及ばないほどの愛情を持って世話していた人が死亡して霊界入りすると、その子どもの守護霊になるような場合である。
守護霊も霊であるから、時間、空間の制約を受けず、その人がどのような危険に遭遇するかをあらかじめ知ることができる。例えば、その人が明日乗ることになっている飛行機が墜落して全員が死亡するということが分かると、その人に急用をつくらせるとか、体調を崩させるとかして、その飛行機に乗せないようにする。

このような例は、枚挙にいとまがない。

二〇〇一年九月十一日午前九時過ぎの同時多発テロで、ニューヨークの世界貿易センタービルが崩壊したが、この日に目覚まし時計が鳴らず、遅刻して助かった人もいれば、いったんセンタービル内の事務所に出勤した後、弁当を買いに出て助かった人もいた。また、前日、出張から帰って、上司に電話をかけたところ、翌日は出勤しなくてもよいと言われて助かった人もいた。これらは、おそらく守護霊のおかげだといっていい。

その一方で、世界貿易センタービルで開かれる会議に出席するために、前日に外国から到着し、当日の朝たまたま同ビル内にいて犠牲になった人もいる。

その八年前、同ビルの地下駐車場で爆弾テロがあった。このときには六人が犠牲になったが、その中に、平素は地下鉄で通勤していたのに、この日に限って自家用車で出かけ、最悪の時間に最悪の場所にいて命を失った人もいた。この人には守護霊がついていなかったか、逆に悪霊がついていた可能性が多分にある。

守護霊の中には、健康についても気を使ってくれるものもいる。これも、本人は気づいていなくても、霊能者が霊聴すると、これ以上、酒やタバコや麻薬に手を出すな、などと事細かに注意する。

守護霊は一人の人間に一霊だけとは限らない。天からことに重要な使命を与えられている人に対しては、霊界での期待も大きいので、複数の守護霊がつく。二、三霊の場合もあれば、数十霊の場合もある。

逆に、守護霊が全くつかない人もいる。例えば、肉親が少ないとか、内向的で人付き合いが悪い孤独な人は、概して霊との付き合いもなく、したがって守護霊もつかない。こういう人の霊は、霊界へ行っても孤独で、のけ者扱いにされがちであるから、人間生活をしている間に、極力、人付き合いをよくするよう努力することが幸福への道である。

守護霊がついている人も、常に謙虚な態度で守護霊に感謝する気持ちを持ち続けることが大切である。そうすれば、守護霊も張り合いを感じ、一層注意深く守ってくれる。ところが、傲慢で感謝の気持ちを持たない人には、ついている守護霊も離れていくことがよくある。

守護霊に守られた日本

守護霊は人間だけにつくとは限らない。国家や諸々の団体につく場合もある。国家の場合には、その国家を創設した人、その国家のために献身した人、強烈な愛国者だった人、その国家のために戦死した人の霊などがつく。

個人の場合には、家の中に仏壇を設けるとか、定期的に墓参りをして先祖の霊を大事にする習慣が出来ているが、その気持ちの中には、意識するしないにかかわらず、守ってもらっている感謝の念も含まれている。

国家の場合には、無名戦士の墓などをつくって、国家の指導者をはじめ、国民がお参りして、花束を捧げ、感謝の気持ちを表す。日本では、戦前には靖国神社に首相はじめ、国民がお参りして、戦死者の霊を慰め、同時に日本を守ってくれたことに対して感謝する習慣が出来ていた。

日本の守護霊は、戦死した将兵はもちろんであるが、その頂点ないし中核に、日本の創始神であり、皇室の祖先神である天照大神がおられるようである。

ところが、大東亜戦争に敗北した日本国民の多くは、以前ほど戦死者の霊を大事にしなくなった。守護霊を大事にして感謝の念を持ち続けると、その後も真剣に守ってくれるが、大事にせず、感謝の念も持たなければ、以前ほど真剣に守護してくれなくなるから、当の個人、団体、国家は、それだけ大きな危険にさらされることになる。

そこで天照大神は、戦後の日本国民の様子を見て、日本の将来を案じられたのであろう。終戦の五、六年後に、東京、羽田空港の近くに住む霊能者、小松夫人のところへしばしば現れ、戦死者たちの霊をもっと大切にするよう訴えられた。霊界から見ていて、小松夫人なら、自分の意志を少しでも叶えてくれると思ったのであろう。

その後、小松夫人は政府首脳に天照大神の意志を伝え、戦死者の遺族らを三、四十名集めて、数回にわたって伊勢神宮へお参りした。筆者が小松夫人を訪ねたのは、その頃であった。

まず二階の八畳の間に通されたが、入った瞬間、明るく、澄み切った、何となく神秘的な雰囲気に心を打たれた。しばらく雑談をした後、夫人は机の前に正座した。夫人の隣に助手を務める若い女性が座って、鉛筆を手に、書き留める用意をしている。間もなく小松夫人は、「お出ましになりました」と言う。大神の姿は、霊能者ならぬ筆者には見えないが、筆者が人間としてどんな使命を帯びているかをご存知のような気がした。

まもなく大神が話し出されたが、その声も筆者には聞こえない。小松夫人は、大神が言われたことをそのまま繰り返して言う。それは日本語のようであるが、筆者には一語も分からない。おそらく、二千数百年前の日本語であろう。秘書の女性はそれを速記する。それを後になって、小松夫人が筆者のために現代語に訳してくださって、初めて筆者に意味が通じた。

その内容は、筆者が人間として生きている間に果たすべき使命と覚悟についてであったが、現代のような論理的表現ではなく、二、三千年昔の表現方法ではないかと思われた。

ついで大神は、「質問をしてもいい」と言われ、ソ連がマッカーサー元帥に、北海道をソ連軍に占領させろと要求し、元帥がそれを拒否して問題になっていた当時だったので、「ソ連軍は北海道に侵攻するでしょうか？」と、日常の日本語で質問した。筆者には大神のお姿は見えないけれども、大神は筆者の質問を霊的に理解されたようであった。少し考えられた後、「そんなことはさせません。凍らせてみせます」と大神は答えられた。

さて、これが実際に天照大神の霊であったのか、そうでなかったのかは、筆者には分からない。しかし、それを否定する材料は何もないし、話す言葉およびその内容から推察して、そうであると考えて間違いないように思われる。

ところでこのとき、小松夫人は「これを見てください」と言って、遺族を連れて伊勢神宮へお参りしたときの写真を見せてくださったが、往くときの写真には霊がたくさん写っていた。それは決して現像のトリックではなかった。霊はエネルギーの固まりであって、写真に写ることはよくある。ところが、「これは帰るときです」と言われた写真には、霊は一つも写っていなかった。霊としては、不満が解消されて満足したからであろう。

解決策を教える教助霊

先に、霊界入りした霊たちは、大体において彼らがこの世でしていたのと同じことをしていると述べた。つまり、学者は研究霊、芸術家は芸術霊、発明家は発明霊、また聖職者は聖職霊として生活している。ところが、この世での学問、芸術、思想の水準に比べると、霊界でのそれは、時間、空間を超越している上に、物質を通さないから、はるかに純粋ですぐれている。

そのため、この世の学者、芸術家、発明家などが、ある問題を抱えて懸命に解決策を模索しているさいに、霊界にいる霊が答えを教えてくれることがよくある。このような霊のことを教助霊と呼ぶが、教助霊はそうすることによって、喜びと満足感を得ると言われている。

ただし、誰にでも教助してくれるとは限らない。平素から謙虚で真面目に真剣に問題と取り組んでいる人には教えてくれるが、不真面目で真剣さがない人には、なかなか教えてくれない。霊界から見ていると、誰が、どのような態度で、どのような問題と取り組んでいるか、また誰が不真面目であるかが、よく分かるのである。

学者が新説を発見したり、発明家や芸術家が新しいヒントないし手がかりを得たりするのは、大抵早朝で、まだ十分睡眠状態から覚めきっていない半覚醒状態のときが多い。それは、この状態のときには肉体の諸感覚が鈍くなっている半面、霊的感覚が比較的敏感になっていて、霊感で感受したことが記憶に残りやすいからである。半覚醒状態でなくても、平素から霊的感覚が鋭く、常に霊の窓を広く開けている人には、教助霊がさまざまなヒントを与えてくれる。そして、そういう人のことを〝天才〟という。すなわち天才とは、その人自身が天から授かった特別な才能ないし知識を持っているというよりも、平素から謙虚で、霊的感覚が鋭く、常人ができないほど努力をし、天国にいる善霊から適切な教助を受けている人のことをいう。教助霊は、そういう人を選んで教助し、解決策を教えるのである。

ベティー・イディー女史は、臨死体験中にある教助霊から聞いた話として、次のようなことを述べている。

「この世の中でわれわれが経験する重要な発明や技術開発に関する創造的着想は、最初霊界で天才的な霊がつくりだしたもので、地上に住む人々が何かを発明したり発見したりする場合には、霊界での創造的着想を霊感として受け取るのである」

こうして、霊界から教えてもらった発明家や学者が、それを発表して世界的注目を浴びることがよくある。そういう場合に、自分が偉いからこれを発見したのだという傲慢な態度を取る人には、教助霊はもう教えてくれなくなるから、その後概して見るべき業績はないが、謙虚で感謝の念を持ち続ける人には、その後も教えてくれるから、見るべき業績を数多く残している。

地縛霊

大部分の霊は、地上での生活を終えると一応霊界へ行くが、少数ながら、さまざまな理由でこの世に留まるものもいる。そういう霊を地縛霊という。

それでは、どのような霊が、どのような理由で地縛霊になるのだろうか。

交通事故とか、殺されるなどして、突然死んだ人の霊の中には、死に関する自覚ができないために、地縛霊になるものが多い。また、自殺者の中には、地獄へ行くのが怖くて、自殺した場所に天命を全うするまで地縛霊となって留まっているものがいる。また、鎌倉のような古戦場には、戦死した人の霊が地縛霊となっており、時に応じて幽霊となって現れる。こういう霊は、死んだ自覚がなく、周囲の霊が説得しようとしても聞き入れず、自分がまだ生きていると信じ込んで、そこに留まっているのである。

ホテルの客室では、よく殺人事件が起こるが、殺された人の霊の中には、その部屋に留まっているものが多い。そういう場合、東洋諸国では、神主か僧侶に来てもらって、お払いやお浄めをして、その霊に部屋から出ていってもらうが、西洋ではそのような習慣がなく、ホテル側もそんなことに全く頓着しないで新しい客を泊めるから、客はその霊と共に一夜を過ごすことになる。

また、長年住み慣れた家または土地があまりにも居心地がよく、それに対する愛着を断ち切ることができないまま死んだ人の霊が、その家や土地に地縛霊となっていることがよくある。このような霊は、夜になると、家の戸を開け閉めする音を立てたり、丑三つ時には、その屋敷のどこかに姿を現したりする。こういう屋敷が幽霊屋敷である。

また、死んだ子どもに対する愛着がことさらに強い人の霊の中には、死後子どもの墓に留まっているケースがよくある。こういう霊も、しばしば幽霊となって現れる。

人里離れたお寺の境内にいて、夜ごとに幽霊となって現れる霊もいる。こういう霊は、すんなり成仏できない何らかの理由があって地縛霊になっているので、誰かに訴えてその理由を取り除いてもらおうとする。したがって、それが満たされると成仏して霊界へ行くから、それ以後は出なくなる。

霊が地縛霊になっている原因は、概して霊自身にあるから、人に害を加えることはないが、愚弄《ぐろう》されたり侮辱されたりすると、怒りのあまり、さまざまな方法でその人に害を加える。

いずれにせよ、霊は霊界入りしない限り安定した状態になれないから、地縛霊でいることは不安定であり、不幸なことである。

憑依霊にとりつかれた例

地縛霊は肉体を持たないから、この世で自分がやりたいと思うことを自分ではやれない。そこで人に憑依して、その人の身体を使ってやろうとする。その結果、憑依霊と肉体の所有霊との間にさまざまな葛藤が起こることが多い。もしその肉体の所有霊が、憑依霊がしようとすることに容易に同意すれば、葛藤は軽微ですむが、所有霊が断固反対すれば、両者間の葛藤は激烈になり、その結果、とりつかれている人はしばしば狂乱状態に陥る。

ある女性に恋人を取られたために、その女性を恨んだまま死んだ女の霊の中には、その女性に憑依して、女性ホルモンの分泌に障害を起こし、女性的魅力を失わせたり、その女性の食欲を旺盛にして肥らせ醜くくさせて、恋人の心を他の女性に移させ、恨みを晴らそうとするものもいる。

アルコール中毒、麻薬中毒、セックス中毒のまま死んだ人の霊は、自分の欲求を満足させてくれそうなアルコール、麻薬、セックスなどの中毒患者を狙って憑依する。そして、その人が中毒を治そうと努力しているにもかかわらず、憑依霊はその人よりも強い力でその人の体に酒を飲ませ、麻薬を吸わせ、セックスをさせるから、中毒患者はいつまでたっても治せず、むしろ中毒症を悪化させる。

一方、憑依霊の方は、自分の欲求を満たしてくれるたびに快感と満足感を覚えるから、いつまでもその人の肉体から出ていこうとしない。世の中にはこのような憑依霊にとりつかれている人が案外多い。

ところが、人選を誤って、これ以上絶対に酒を飲まないと決心している人、あるいは性的に純潔を守り通そうとしている人に憑依すると、両者の間に激しい葛藤が起こる。そして、憑依された人が憑依霊の要求を拒否し続ければ、憑依霊はあきらめて出ていき、別の人を探す。

復讐に現れた阿修羅の神

長崎県に天竜姫というすぐれた霊能者がいて、昭和五十八年五月に訪ねたことがある。彼女は、自分の身体を一時的に霊に憑依させるタイプの霊能者である。筆者が訪ねたとき、彼女は「どなた（どの霊）がお出になるか分かりませんが」と前置きして、一同、四畳半の部屋に入った。

憑依してくる霊は、訪ねてきた人と何らかの関わりがある場合が多い。霊界では人間界のことがよく分かっているから、誰が天竜姫を訪ねてくるかについても、あらかじめ分かっている。筆者が訪ねたときには、筆者が国際問題の評論家であることを知っていたのか、シベリアに長く眠っている霊だというのが現れて、中ソ関係のことに触れた。次いで現れた霊は、憑依している天竜姫の声帯を使って、「わしは阿修羅の神だ」と言い、高圧的に出てきた。

仏教徒でない自分と阿修羅がどういう関係にあるのかと思っていたら、阿修羅の方から、「わしはお前の前世と争って敗北したことがあるが、今回はその復讐に現れたのだ」と威圧的に言う。たとえ前世というのが正しいとしても、何代も前の前世であろうから、現在の自分とは関係が薄いので、平然と構えていた。阿修羅の神は荒々しく闘争好きで、六本の腕を持っていることで知られている。名前を言っただけで相手は観念し、簡単に降伏するものと思っていたらしい。ところが筆者は、阿修羅とは何の関係もないので、泰然自若たる態度を取り続けていたから、阿修羅は箸にも棒にもかからないとあきらめたらしい。早々と天竜姫の体から抜け出して、霊界へ引き揚げていった。

憑依させていた天竜姫は、この間に何が起こったのか全く知る由もないので、同席の者が事態の推移を話したが、姫の横に常に同席する、同じく霊能者で、特に霊視に秀でた年配の女性は、「阿修羅の神が尻尾を巻いて逃げていくのがよく見えました」と語った。

憑依霊が起こした凶悪犯罪

憑依霊の中には、憑依した肉体を使って、殺人その他の凶悪犯罪を起こすものが多い。

アメリカ、テキサス州ヒューストンで、二〇〇一年に起こった事件を取り上げてみよう。

三十七歳になるアンドリア・イェーツさんは、生後六カ月から七歳までの自分の子ども五人を、次から次へと風呂桶に押し込んで溺死させた。彼女はその二年前に二度も自殺を図ったことがあるし、それと相前後して数回精神科の病院に入院している。彼女の裁判に当たって、弁護側は彼女が当時、善悪の判断がつかないほど精神異常であったとして無罪を主張したが、検事側は、彼女が事件直後に夫と警察に電話で子どもを溺死させたことを自白したから、彼女にはある程度善悪の判断力があったはずだ。ゆえに、法的には精神異常に当たらないと主張した。結局、陪審員は検事側の見解に同意し、彼女は終身刑になった。

この事件について、彼女の長年の親友たちは、彼女について、「真面目で正常で善良な人であり、非合理的なところはなく、素晴らしい母親で、彼女があのようなことをしたとは考えられない。あのようなことをした人は、別人だ」と語っている。

このように、第三者が、犯人とは別人だと思われるという印象を持つケースは案外多い。

この事件も、彼女が結婚したころから、何回となく彼女に憑依していた霊が、彼女の身体を使って行った可能性が十分にある。同一の悪霊が同じ人に何度も憑依することは、よくあることである。彼女は自分の子どもを愛していたし、この犯罪が、実の母親がしたとは思われないくらい残酷なものであったから、当時、凶悪な霊が彼女に突然憑依したが、彼女はこれに抵抗できず、その憑依霊のするままに五人の子どもを溺死させたものと考えられる。そして、五人の子どもを溺死させると、憑依霊はその目的を果たして満足し、早々と引き揚げたので、われに返ったイェーツさんは、急いで夫と警察に電話をしたものと解釈できる。

そうであるとすれば、この犯行は憑依霊がしたものであって、夫および警察に通報したのは彼女自身だったことになり、刑罰を受けるべきは憑依霊であって、彼女ではなかったことになる。

もう一つ、悪霊が犯罪をするごく短期間だけ憑依し、犯罪が終わると早々と引き揚げた例をあげておこう。

四十五歳で、四歳になる双子の母親である歯科医クララ・ハリスさんは、一歳年下で歯列矯正医である夫、デービッドを、ある日、自分の自動車で何度もひいて殺した。

デービッドは、受付の女性ゲール・ブリッジさんと深い関係に陥っていたが、クララ夫人に対してはゲールさんと別れると約束していた。一方、クララさんの方は、夫の気持ちを取り戻そうとして、髪の毛を染め、近く整形外科手術も受けることにしていた。同時に、探偵を使って夫の様子を探らせていた。

ところが、ある日、彼がホテルでゲールさんと一緒にいるところを見て激怒した揚げ句、夫を車でひき殺したのである。有罪判決を下した十二人の陪審員は、クララさんが〝突然激怒して〟夫をひき殺したことを認め、裁判長は彼女に禁固二十年の刑を言い渡した。

犯行当時、彼女が憑依霊にとりつかれていたかどうかは、優秀な霊能者なら、かなり適確に見極めることができるし、精神分析者なら彼女を催眠術にかけてみれば、かなりの程度まで分かるはずである。ところが、霊的でなくなった現代人は、そのような見方をしないために、イェーツさんやハリスさんは、裁判官や陪審員が犯行当時の異常な心理状態を認めておきながら、それが憑依霊の仕業であったかどうかというところまでは突きとめようとしなかった。その結果、両女史ともその犠牲になったといえる。

もちろん、すべての凶悪犯罪が憑依霊によるものだとは限らない。次の例のように、人間の中には自ら凶悪犯罪を起こす者がいる。

二〇〇四年二月に、フロリダ州で十二歳になる少女カーリー・ブルーシアさんが三十七歳の男ジョセフ・スミスに誘拐され、殺害された。この男は、十年前にオートバイ用のヘルメットで女性の顔を殴って六十日間投獄され、三年前には麻薬保持などの罪で十三カ月間監禁されている。その後、釈放されるやいなや、再び麻薬に手を出して逮捕され、一年前には執行猶予中の規則を二度も破った。それにもかかわらず、保護監査官は彼を投獄せずに野放しにしておいた。結果、カーリーさんは殺害されたのである。

彼のこのような犯罪歴に加えて、懺悔《ざんげ》したことも改心の情を示した形跡もなかったことを考えると、彼自身が犯人であって、憑依霊の仕業ではない。したがって、この事件を起こした責任のかなりの部分は、このような悪人を野放しにした司法当局にあったといえよう。

憑依霊が起こした航空機事故

比較的少ない例ではあるが、航空機事故で死亡したパイロットの霊や暗殺された人の霊の中には、得てして他人を自分と同じ運命に陥れてやろうとして、主として血縁関係にあるパイロットに憑依して惨事を起こさせることがある。

先進国では、民間航空機が墜落して多数の犠牲者が出ると、事故調査委員会を組織して墜落原因を究明する習わしになっている。その場合に、調査の焦点は大体において気象条件、機材の故障ないし欠陥、操縦ミスの三点に絞られる。仮に天候や気象に異常がなく、機材に故障や欠陥がなければ、操縦ミスが有力な原因になる。ところが、その場合でも、単なる操縦ミスか、操縦士が自殺しようとして故意に起こしたのかに留まって、憑依霊の仕業ではなかったかという点にまで立ち入ることをしない。そのため、事故原因の調査は納得がいかないまま終わることがしばしばある。

最近の顕著な例に、一九九九年十月三十一日夜、ニューヨークのケネディ国際空港を飛び立ち、カイロへ向かったエジプト航空九九〇便が、マサチューセッツ州沖合で墜落した事故がある。アメリカ交通安全局の事故調査委員会が、海底から引き揚げた音声記録装置および飛行データ記録装置を調査した結果、このボーイング七六七型機は、飛び立って一時間あまり後に、高度一万メートルを巡航中、ハバシ機長が自動操縦装置に切り替えて席を外した。そのあと、交代要員のバトーチ副操縦士が操縦桿を握り、自働操縦装置を手動に切り替えた上、機を急降下させた。

機長が慌てて席に戻ったとき、バトーチ氏はアラビア語でアラーの神に対して「わが身を委ねます」と祈っていた。ハバシ機長が「どうしんだ。水平飛行に戻せ」と言ったが、そのときバトーチ氏がエンジンを切ったらしく、もう水平飛行に戻すことができないまま、機は猛烈な勢いで海中に突っ込み、乗員、乗客ら全員が死亡した。

事故調査委員会は、この墜落はバトーチ氏が故意に起こしたもの、つまり彼の自殺行為であったらしいという結論に達した。イスラム教は自殺を禁止しているから、イスラム教徒であったバトーチ氏が自殺するとは信じ難いという説も出た。しかし、自殺が事実であったとすれば、エジプト航空としては営業に悪影響を及ぼすから、極力自殺説を否定した。彼の遺族も異口同音に自殺説を否定した。

彼は、当時五十九歳。翌年三月に定年退職することが決まっていた。エジプト航空が彼を採用したのは十二年前。それ以前には彼はエジプト空軍のパイロット、空軍および民間航空のパイロット養成教官などを歴任していたから、パイロット暦は長い。また、彼は留守宅にいた長男に、カイロ到着の予定時間を知らせ、飛行場まで迎えに来るように伝えてあったし、エジプトへ帰ったら、病気治療のために娘をアメリカへ連れて行く約束もしていたという。

遺族にしてみれば、自殺などは考えられなかった。彼は比較的明るい性格で、精神的にも不安定なところはなく、仕事のストレスもなかった。不満があったとすれば、機長になれなかったことだといわれている。しかし、五カ月後に定年退職が決まっていた彼にしてみれば、これはもはや深刻な問題ではなかったはずである。

それでは、真相はどうだったのだろうか。今となってはその究明はできないが、彼が憑依霊にとりつかれた可能性は大いに考えられる。もし彼の身内か親しい友人の中に、航空機事故で死亡したか、暗殺その他不自然な死に方をした人がいたとすれば、その人の霊が彼を同じ運命に陥れようとして、好機の到来を待っていたに違いない。

ところが、これまで彼は副操縦士であって、単独で操縦することがなく、いつも機長の傍にいた。これでは機を墜落させることはできない。また、彼が定年退職した後では、そのチャンスはなくなるから、その前でなければならない。ついにその好機がやってきた。機長が操縦席を外し、彼が単独で操縦桿を握ったので、霊は、急遽彼に憑依して墜落させたのであろう。一方、バトーチ氏には、この憑依霊に抵抗する力がなかったために、ただアラーの神に祈る以外になかったのであろう。そうであれば、この墜落事故を起こしたのは、バトーチ氏ではなくて、憑依霊だったことになる。

憑依霊が起こしたのではないかと思われる航空機事故の例をもう一つ挙げよう。

ケネディ元大統領の長男ジョン・F・ケネディ・ジュニアは、一九九八年七月十六日、単発の自家用機パイパー・サラトガ二号機を操縦して、夕方六時過ぎに、ニュージャージー州フェアフィールド空港を飛び立ち、マサチューセッツ州ハヤニスポートへ向かう途中、墜落し、同乗していた彼の妻および義姉とともに即死した。彼は途中、マーサス・ビンヤードに寄って、義姉を降ろすことになっていた。

まず疑問に思われるのは、夕方の六時過ぎに飛び立ったことである。彼は操縦を習い始めてまだ間がなく、夜間飛行、計器飛行の訓練を受けていない。そのため、午後三時ごろ出発して明るいうちに有視界飛行をして目的地に着くことにしていたが、義姉が仕事の都合で遅れたために、出発が夕方になり、途中で日が暮れてしまった。目的地までは主として海上を飛ばなければならないから、下界を見ても機の位置が分からない。計器に頼る方法も知らない。もし出発前に冷静で客観的な判断をしていたなら、列車かバスか自動車に切り替えたはずである。ところが、悪霊にとりつかれると、冷静で客観的な判断ができなくなり、ずるずると悪い方へ悪い方へと吸い込まれるようになるものである。

目的地では、彼の飛行機が着かないので大騒ぎになり、大々的な捜査が行われた。結果、翌々日、マーサス・ビンヤードの沖合十キロの海底で機体が見つかり、三人の遺体が収容された。レーダーその他のデータを分析した結果、彼は旋回する必要のないところで三回も右旋回した後、墜落したことが分かった。つまり、自分の位置が分からなくなり、操縦不能に陥ったわけである。

彼の父ケネディ大統領は四十六歳のときに暗殺され、伯父のジョセフ・ジュニアは第二次大戦中に海軍航空隊の操縦士をしていて、二十九歳で戦死。上院議員だった叔父ロバートは四十三歳のときに暗殺された。こういう人たちの霊は、憑依霊になる傾向が多分にあるから、このような立場にある人は、憑依霊にとりつかれないように、常に自己を堅持しておく必要がある。

日本にも同じような例がある。一九八二年のある日の朝、福岡を飛び立って羽田へ向かった日本航空機ＤＣ８型機が、羽田の滑走路に着陸する寸前、Ｋ機長が急に操縦桿を推して機首を下げた。副操縦士が「何をするんですか」と叫んで引き上げようとしたが、すでに遅く、機は海に墜落。浅かったことが幸いして、機は半分水没し、Ｋ機長は助かったが、乗員、乗客のうち、二十四名が死亡、百四十名以上が負傷した。日本航空が調査した結果、機体には故障がなく、気象条件にも異常が認められなかった。結局、Ｋ機長が〝総合失調症〟であったことに起因するという結論になった。これも、彼自身がしたというよりも、突然彼に憑依した悪霊がした可能性が大きい。

しかし、憑依霊ではなく、パイロットの自殺行為だと断定できる墜落事故もある。

一九九七年十二月、インドネシアで起こったボーイング七三七型機の墜落事故がそれで、この機は雲一つない晴天を高度一万一千メートルで巡航中、突然急降下して川に墜落、乗員、乗客百四名全員が死亡した。インドネシア当局も、これは機長の自殺行為だったとみている。というのも、急降下の直前に、機長が音声録音装置と飛行データ録音装置の電源を切って、自殺行為であることが分からないようにした形跡があったからである。それだけではない。彼には賭博で多額の借金があった上に、この飛行の直前、会社からある問題で譴責《けんせき》かつ降格処分を受けていた。

これらのことを総合すると、これは憑依霊ではなく、操縦士の自殺行為だったという結論になる。このケースは、精神的に不安定な状態にあった人間に操縦を任せていた航空会社に責任があるといえよう。

このように、操縦士の自殺行為であると断定できる場合もあるが、それが疑わしい場合には、一応憑依霊によるものではないかと疑ってみるべきである。

世界の主要な航空会社は、定期的に、操縦士の身体検査だけでなく心理学者や精神科医による精神鑑定を行っている。しかし、航空機墜落事故が憑依霊によると思われるケースもたまにあるから、医者や心理学者の検査だけでは不十分であろう。

憑依される可能性

それでは、どういう人が憑依霊にとりつかれるのだろうか。

端的にいえば、本人の霊が常に冷静で、自分の肉体を十分管理、支配している、つまり自己を堅持している人は、憑依霊につけ込むすきを与えないから、憑依される可能性はほとんどない。逆に、十分支配していなければ、つけ込むすきを与えて、憑依されやすくなる。性格的に弱く、容易に他人の言いなりになる人は憑依されやすく、また酒や麻薬やセックスに浸って意識がもうろうとしているときは、アルコールや麻薬やセックス好きの悪霊に憑依する絶好のチャンスを与えているようなものである。

激怒、沈うつ、深い悲しみというような陰性の感情に陥っているときも、つけ込むすきを与えているし、逆に喜びのような陽性の感情でも、度を越して狂喜乱舞しているときにはつけ込まれやすい。

こうして、しばしばすきをつくる人には、憑依霊が一回だけでなく何度も入ったり出たりするし、複数の憑依霊が同時に入り込むことも多い。

病院や墓場には地縛霊がうろうろしていて憑依するチャンスを狙っているから、こういう所へ行くときには、特に気をつける必要がある。

このようにみてくると、憑依霊にとりつかれる責任は、かなりの程度まで、とりつかれる側にあるといわなければならない。

憑依霊にとりつかれて罪を犯した場合に、論理的には犯罪の責任は憑依霊にあるが、憑依された人も、憑依された責任を取らなければならない。したがって、人間は平素から自分の肉体を十分コントロールしておくよう心掛けているべきである。

イエス時代の憑依霊

憑依霊は人類の歴史とともにあったようで、新約聖書にはイエス・キリストが悪鬼あるいは悪霊（憑依霊）を追放したことが随所に出てくる。その主なものを二、三拾ってみよう。

ルカ伝第八章二十七節以下に、イエスが、複数の悪霊（悪鬼）にとりつかれて狂乱状態になっていた人から悪霊を追い払ったとある。このときには、追い出された悪霊は近くにいた豚の群れに乗り移ったために、その群れは狂乱状態に陥って湖に飛び込んで死んだとある。

しかし、通常、人間の霊は人間に憑依するものであって、動物に憑依することはめったにない。このときには、近くに憑依できる人間がいなかったために豚に憑依したのであろう。豚の体は、憑依した人間の霊が決意したことを実行できないから、両者の間に激しい葛藤が起こった。そのために、豚は狂乱状態に陥って湖に飛び込んで死んだものと推定できる。

同じく、ルカ伝第八章のはじめには、イエスがマグダラのマリアに憑依していた七つの悪霊を追い出したので、本来の自分に戻ったマリアは、その後イエスに心酔して彼に従うようになったとある。

また、同第九章一節とマタイ伝第十章一節には、イエスが諸々の汚れた霊（悪鬼）を追い出して、病を治す能力と権威とを弟子たちに授けられたとある。ところが、マルコ伝第九章十七節以下には、幼児のころから悪霊にとりつかれて口がきけないようになっていた上に、時々癲《てん》癇《かん》を起こしていた少年から、イエスの弟子たちが悪霊を追放しようとしたが成功せず、結局、イエス自身が追い払ったとある。

そのとき、この霊が頑強に抵抗したために、少年は甚だしい痙攣《けいれん》を起こした後、死人のようになったが、イエスはその少年の手を取って立ち上がらせ、家に帰らせた。弟子たちが「われわれはなぜ追放できなかったのですか？」と聞くと、イエスは「この類の悪霊は祈りによらなければ、どうにもならないのだ」と答えた。つまり、神の力を借りなければ、追放できないほどしぶとい悪霊もいるというわけである。イエスご自身は抜群の霊的能力を持っていたから、このように執拗な悪霊でも追放できたが、しぶとい悪霊になると、人間の力ではどうにもならず、素直には出ていかなかったから、憑依されていた少年は極度に苦しみ、いじめぬかれて、疲労困憊《こんぱい》状態に陥り、死人のようになったのである。

このように、悪霊や憑依霊の追放に関することは、新約聖書の随所に出てくる。このことは、イエス・キリストの時代の人々には、悪霊、悪鬼、憑依霊に関することが常識のようになっていたことを物語るものである。また、イエス・キリストがその追放を何度も行ったということは、イエスがこれをかなり重要視していたからに違いないことも推察できる。おそらく、憑依霊はサタンの手先になって世の中の均衡と調和と統一と平和とをかく乱し、破壊しようとするものであるからであろう。

当時の人々と比べると、現代人は霊的なものを無視し、世俗的、物質的なものに心を奪われているために、世相が悪化している。それは、憑依霊にとりつかれている人が当時よりもずっと増えていることを意味する。したがって、現代人は、当時の人々のようにこの問題を重大視しなければならないはずであるが、一般人はもちろんのこと、聖職者までが、このような霊的問題に対して関心を失ってしまっているのが現状である。

憑依霊の追放

カトリック教会には、昔から、悪魔、つまり憑依霊の追放を専門にする聖職者がおり、悪魔ないし悪霊に憑依されて狂乱状態になっている人から憑依霊を追放していた。

ところが、憑依霊の中には、憑依している肉体にしがみつき、追い出されないように頑強に抵抗するものがいる。悪魔にしてみれば、せっかく自分の欲望を満足させ、快感を与えてくれる肉体に憑依しているのに、追い出されたら、欲望を満たせなくなるだけでなく、自分の行き場がなくなって不安定な状態に置かれるから、頑強に抵抗する。そのため、時には追放しようとする聖職者に食ってかかり、逆襲して、追放作業中にその聖職者を死に至らしめたり、作業が終わってから殺したりしたケースもあった。

また、追放作業中に憑依されている人を激しい発狂状態に陥れることもある。追放に成功しても、その悪霊が再び同じ人、あるいは別の人に憑依することもある。

そうならないようにするには、追放する悪霊に安住の場所を与えなければならない。そのような場所は、言うまでもなく霊界である。したがって、憑依霊を霊界へ送り込めばよいわけである。

ところが、憑依霊の中には、地獄へ行くことを恐れて、霊界入りを拒否する霊もいる。そのような霊に対しては、霊界まで案内してくれる案内役の霊が必要になってくる。

アメリカ、カリフォルニア州サラソタの町には、憑依霊の追放を専門にする臨床心理学者エディス・フィオール博士がいる。彼女は、憑依されている患者を催眠術にかけて憑依霊を呼び出し、その霊に対して、憑依していることが憑依霊にとっても憑依されている人にとってもいかに不幸なことであるかを納得させた上で、本来行くべき霊界へ行くように勧める。ところが、多くの憑依霊は躊躇《ちゅうちょ》する。そのとき、「あなたのお母さんの霊がそこまで迎えに来ていますよ。ほら、見えるでしょう」と言って、母親の霊に案内役になってもらう。すると大抵の場合、追放は成功する。

このように、いったん霊界へ送り込むと、それ以後その霊は再び憑依しなくなる。

第三部　霊的見地から見た現代の世相

第十章　人生目的の変遷

神は、人間をご自分の姿に似せて、ご自分の子女としてつくられた上に、神の創造計画の一環である人間の世界を管理して、神の意図が実現している天国のようにする任務を人間に委譲された。

すでに述べたように、神は一定の原理・原則にのっとり、発展性のある調和と均衡と統一と平和とを指向するように万物をつくられたから、人間がその原理・原則にのっとって人間世界を管理することを期待しておられるに違いない。

それだけではない。神は愛であり、真、善、美、聖の極致でもあって、天国は神の理法と愛とが支配している世界である。ゆえに、人間も愛の人間になり、できるだけ真、善、美、聖の極致に近い価値を実現しつつ、この世を管理していけば、この世は自ら天国のようになる。そして、人間がこの世の生活を終えたら、その霊は自然に天国へ行くようになる。

神は、そのことを念頭に、人間にこの世の管理権を委譲されたと考えられる。したがって、神の意に沿って行うことが人類の生存目的であるといえよう。

それでは、人類はこれまで管理権をどのように行使してきたであろうか。

人間は社会的動物であって、国家、社会、諸団体などを形成し、それらの組織に法律、規則などをつくらせて、これらを施行する権限を与えている。これらの法律や規則は、大体において各個人の自由や行動を規制し、制限する。だが、そうすることによって、かえって国家、社会の調和と秩序を守り、ひいては個人の権利、自由、安全などを守り、同時によき調和、均衡、統一、平和を維持することに役立っている。

各個人は、これらの組織を構成する有機的な一員、つまり一細胞であるから、自分の利益よりも組織全体の利益を優先させることが大切である。ある細胞が癌に侵されると、それが他の細胞に感染し、遂にはその人を死に至らしめる。したがって、有機体にあっては、すべての細胞が全体に対する責任を自覚し、常に健全であるように心掛けることが大切である。

　蜜蜂も社会的動物であって、その中の働き蜂は、女王蜂を中心とする社会全体の利益のために、なんの不満も洩らすことなく、営々と働く。そして、自分たちの社会の中心である巣が、人間とか熊のように強大な敵に襲われても、自分の命を厭《いと》わずに敵を攻撃して、自分自身よりも、自分の社会を守ろうとする。こうすることによって、その生存意義を遺憾なく発揮して、生涯を終える。そこには世俗的なもの、利己的なものは何もない。

個人の生存目的

　人間も有機的社会を構成しているが、誰もが女王蜂、つまり大統領や総理大臣や大会社の社長になれるわけではなく、大部分は一庶民、一社員、つまり働き蜂として生涯を終わる。大統領や社長になったからといって、将来天国行きが保証されるわけではない。自己の権力欲、名誉欲を満たすために、他人の利益を犠牲にしてまで大統領や大臣や社長になる人も多いが、そういう人はむしろ地獄へ行く可能性の方が大きい。それよりも、一庶民、平社員として過ごした人の方が、世俗的な欲望を持たず、公《おおやけ》の利益のために奉仕するから、天国へ行ける可能性が大きい。その意味で、われわれは働き蜂を見習い、全体に対する自己の責任を全うする態度を堅持すべきである。

それと同時に、この世の生活を終えた後、天国のよい部落へ行けるように心掛けるべきである。天国は神の理法と愛とが支配する世界であり、そこに住む霊たちは、神の理法に従って神を畏敬し、隣霊を愛し、寛容で、慈悲深く、礼儀正しく、調和と秩序と統一と平和を愛している。したがって、天国へ行きたい人は、平素から天国の特徴を身につけるよう心掛けるべきである。

これに反して、地獄にいる霊たちは、権力、名誉、地位、富、金銭、肉体的欲求など、世俗的なものに対する執着心が強く、利己主義で、偽、悪、醜、俗などに魅力を感じている。したがって、人間として生活している間に、このような特徴を身につけてしまうと、地獄へ行かざるを得なくなる。

旧約聖書の出エジプト記には、次のようなモーセの十戒が記されている。この十戒は今から三千四百年ほど前、モーセが奴隷生活を強いられていたイスラエル民族を率いてエジプトから脱出する途中、シナイ山で神から授かった啓示であるといわれている。

一．汝はエホバ以外のものを神とすべからず。

二．汝己れの為に何の偶像をも刻んだり、それを拝んだりすべからず。

三．エホバの名をみだりに唱えるべからず。

四．安息日を心に留め、それを聖別すべきである。

五．父母を敬え。

六．殺すなかれ。

七．姦淫するなかれ。

八．盗むなかれ。

九．隣人に対して、偽りの証言をするなかれ。

十．隣人の家、隣人の妻、男女の召使い、牛、驢馬など、隣人のものを一切貪るなかれ。


このうち最初の三条は、神に対する、つまり霊的生活に関する戒めであり、次の四条は、市民としての生活に関するもの、最後の三条は、道徳に関するものである。最後の三条は、他人および他人の所有物を欲しがるという嫉妬心に対する戒めである。嫉妬心は諸悪の根源であり、これがしばしば社会の調和と秩序と統一と平和とを破壊する原因になっている。

ところで最初の人間であるアダムの時代には、神の戒めは、「善悪を知る木の実を取って食べてはならない」というかたちを取っていたが、知性や文化や社会が発達したモーセの時代になると、十戒というかたちになった。

十戒の大部分は、時代、文化を超越した基本的なものであるから、モーセの時代に比べて知性や文化がさらに進歩した現代にもそのまま通用するが、それを全部、文字どおり実行することはできないし、またその必要もない。

例えば、安息日に関する条項は、今日すべての人が厳守するわけにはいかない。

ただし、これらを守りさえすれば、地上生活を終えた後、上層天国行きが保証されるかというと、そうとは限らない。この他にも守るべきものがたくさんある。

モーセの十戒は戒めであって、個人の権利を主張していない。人間生活をするに当たって、自己の権利を主張するよりも、義務ないし責任を果たす方が大切である。十戒はこのことを物語っている。

日本には、一九〇〇年（明治三十三年）に発布された教育勅語があって、太平洋戦争が終わるまで、半世紀近くにわたって教育の基本原則になっていた。その内容は、モーセの十戒の第四条以下と同じである。つまり、それは洋の東西、時代の違いを超越した、どの人間社会にも通用する原則である。

それでは、実際に人間はどのような心がけで生活し、どのような社会をつくってきただろうか。

第十一章　神と絶縁した現代

第一部および第二部で、人間にとって霊および霊的なものがいかに重要であるかを述べたが、二十世紀以降、人類は霊および霊的なものをどの程度尊重し、この世の中を天国のようにする任務をどの程度果たしてきたであろうか。これを論じるに当たって、まず十六世紀から十九世紀にかけて現れた三人の賢者が、二十世紀をどのように予見したかを述べておこう。

見事に的中した三賢者の予言

十六世紀にフランスが生んだ有名な予言者であり、占星術家であったミシェル・ノストラダムス（一五〇三―一五六六年）は、十九世紀から二十世紀にかけて、三人のアンチ（反）・キリストが現れて、イエス・キリストがしたことをくつがえし、二十世紀を悪の世紀にすると予言した。そのうちの二人は、ナポレオンとヒトラーだといわれているが、もう一人は、二十世紀末に東の方（フランスから見て）に現れるというから、おそらく中東かアジアであろう。

次に、十七世紀から十八世紀にかけて、ヨーロッパで活躍したスウェーデンボルグは、何度も霊界を訪れて、霊界の主とでも呼ばれる霊と対話をしたが、そのとき、この霊が、次のようなことを述べたという。

「古代の人々は天的（霊的）であって、天使たちと交流し、話し合っており、それに基づいて物事を考えていたので……天国と地上との関係は緊密であった。そこで、この時代を黄金時代と呼んでいた。ところが、その後の人々は、天使たちと実際に交流するのではなく、交流した知識に基づいて物事を考えるようになったので、天国と地上との結びつきはそれほど緊密でなくなった。そこで、この時代は銀の時代と呼ばれるようになった。その後の時代の人々は、天使たちとの交流によって得た知識を持っていたけれども、それに基づいて物事を考えようとしなくなった。それは彼らが、先代の人々のように霊的な〝善〟でなく、自然界的な〝善〟に心を奪われるようになったからである。そこで、その時代は青銅時代と呼ばれるようになった。さらに下がって、その後の時代になると、人々はますます外的なものに心を引かれ、遂に肉欲主義、世俗主義になってしまった」（天国と地獄一一五項）

このように、霊界の主ともいわれる霊は、古代を黄金時代、中世を銀の時代、それに続く時代を青銅時代だと言ったが、スウェーデンボルグの時代は自然科学時代に入って間もない頃であり、それから三百年以上にわたる科学全盛時代となり、人々は霊的なものに対して、無関心というよりも、むしろ否定的になり、物質的なもの、世俗的なことにこだわるようになった。

その結果、人類と霊界との関係は、ますます疎遠というよりも、絶縁状態に陥った。したがって、おそらく霊界の主は、現代を評して金、銀、銅、鉄という金属時代からさらに落ちて、熱を伝えない石の時代になったと言うであろう。

ノストラダムスとスウェーデンボルグは、ともに抜群の霊的能力を持っていたが、十九世紀末のドイツの哲学者であり、心理学者であり、また詩人でもあったフリードリッヒ・ニーチェ

（一八四四―一九〇〇年）は、晩年の著書の中で「神は死んでしまった」と言って、当時の宗教が人間の性格を改善する力を失い、道徳的価値の基礎になり得なくなったことを嘆いた。神は、時間、空間を超越した霊的かつ絶対的存在であられるから、本来、死ぬようなことはあり得ない。ニーチェが言ったのは、人間が霊的でなくなったために、神と絶縁し、神に対する畏敬の念はいうまでもなく、その存在、影響力すら認めなくなったことを言ったのであろう。

ニーチェはまた、「人間がその起源と伝統的な価値とを真剣に検討しなければならないときが来ている」と付け加えた。彼は、人類の将来に対する希望を棄てきれなかったために、こう述べたのであろうが、同時に「人間は反省しないだろう」と言って、悲観的な見解を同時に持ち続けた。そして、二十世紀まで十二年を残した一八八八年に、「二十世紀は破局的戦争の時代になるであろう」と看破し、「しかし、この予想が当たろうが外れようが大した問題ではない。だって神はもう死んでしまったのだから」と述べている。

二十世紀の世界の実情を見ると、この三人の賢者が言ったことがあまりにも的中していることに、驚嘆せざるを得ない。人間が神と絶縁したということは、国際情勢、政治、経済、文化、芸術など、あらゆる分野に現れている。しかも、ニーチェが嘆いた世俗化は、後で述べるように、二十世紀後半にはますます強烈になったのである。

第一節　破局的戦争とテロの時代

まず、三人のアンチ（反）・キリストを中心に、国際情勢を見ていこう。

その最初の人物であるナポレオンは、十九世紀に入るや、ヨーロッパ全体を支配下に入れて、フランス帝国を打ち建てようという野心を抱き、天才的用兵術を発揮してヨーロッパ大陸の大部分を制圧した。彼は、帝国建設に成功し、自らその皇帝に納まったが、その後、帝政ロシアを攻撃した。

ところが、フランスの大軍がモスクワに攻め込むや、ロシア政府はモスクワを焼き払った。そのため、ナポレオンの将兵は宿泊施設もなく、モスクワの廃墟で冬将軍の来襲に震えたあげく、武器、弾薬、食糧の補給もできず、支離滅裂状態で敗退した。

このように、ナポレオンはヨーロッパの調和と秩序と統一と平和とを破壊したという点で、まさにアンチ（反）・キリストの名に値する。

これを見たイギリス、ロシア、オーストリア、プロシアおよびスウェーデンの五カ国は、大同盟を結成して、フランスに対抗したために、ナポレオンは皇帝の地位を放棄した。その後、フランス軍はワーテルローの戦いに敗れ、彼はイギリス軍の捕虜になり、アフリカ大陸西南の沖合にあるセントヘレナ島へ流刑になり、ここで癌を患って独り寂しく生涯を閉じた。こうして、ヨーロッパでは大同盟を結成した五カ国が主要な強国となってナポレオン戦争以前の均衡を取り戻したが、フランスは二等国に転落した。

ドイツは、一九一八年十一月、第一次世界大戦に敗れ、ベルサイユ条約によって莫大な賠償金を支払わなければならなくなった結果、前代未聞のインフレに見舞われ、国民は深刻な生活苦に悩まされた。このような社会情況を背景に登場したのが、演説に長けた第二のアンチ（反）・キリスト、アドルフ・ヒトラーである。彼は、ドイツ国民を窮状から解放すると約束し、一九三三年に四十四歳の若さで首相になるや、ドイツを世界の中心的国家に仕上げる夢を抱き、べルサイユ条約を破棄して、空軍を設け、五十万を超える地上部隊を整備した。

そして、一九三六年にイタリアと枢軸関係を結び、オーストリアを支配下に入れ、さらにチェコに対し、ドイツ民族が多数住んでいる地域の割譲を要求した。これに危機感を抱いたイギリスのチェンバレン、フランスのダラディエ両首相は、一九三八年九月、ミュンヘンでヒトラー首相、イタリーのムッソリーニ首相を交えて四カ国首脳会談を開いた。この会談にはチェコの代表は招かれなかったが、四カ国首脳はチェコの領土の一部をドイツに割譲することに合意した。当事国の代表がいない席で、その国の領土の割譲を決めたのであるから、これほど道義に反した合意も珍しい。

こうして英、仏両国は独裁者ヒトラーと融和した。ロンドン空港に帰ったチェンバレンは、「私は名誉ある平和を勝ち取った」と公言し、イギリス国民は拍手喝采して彼の功績を称えたが、当時、野にあったウィンストン・チャーチルは、「これで戦争は避けられなくなった」と洩らした。果たせるかな、ヒトラーは英仏両国弱しと見て、その野望を増幅させ、翌年の八月末、ポーランドに対し、ダンツィヒおよびポーランド回廊の割譲と、同国に住むドイツ民族の保護を要求し、これについて協議するために二日以内に代表をベルリンに送るよう要求したが、ポーランド政府が返事を躊躇するうちに、九月一日、ドイツ軍をポーランドに侵攻させた。

英、仏両国は、心理的にも軍事的にも戦争の準備が出来ていないままドイツに宣戦布告し、ここに第二次世界大戦の幕が切って落とされた。チャーチルの予言が見事に的中したわけであるが、同時に独裁者に対して融和政策を取ると逆効果になるという教訓を、英仏両国だけでなく、世界各国に与えた。

こうして、フランスは翌一九四〇年六月に降伏。ドイツ軍は一九四一年までにヨーロッパ大陸のほとんど全域を支配下に入れ、同年六月にはソ連への侵攻を開始した。

しかし、ナチス・ドイツ軍は強大なソ連軍に対抗できず、一九四三年二月にレニングラード（現在のサンクトペテルブルク）で降伏。翌年の六月、アメリカおよびイギリス軍を主軸とする連合軍はノルマンディー上陸作戦を敢行。これを契機として、ドイツ軍はヨーロッパ大陸でも敗退の一途をたどり、翌年五月二日、ドイツは無条件降伏し、ヒトラーは情婦エヴァ・ブラウンとともにベルリンの地下壕で自殺を遂げた。

一方、一九四一年春、日本の東條英機首相はドイツの勝利間違いなしと信じて、ドイツおよびイタリアと枢軸関係を結び、同年十二月、日本の海軍航空隊は、米太平洋艦隊の主要基地ハワイの真珠湾を奇襲爆撃して、アメリカを参戦に追い込んだ。

それと同時に、大東亜共栄圏をつくると称して、一九四二年にはシンガポール、フィリピンはじめ大部分の東南アジア諸国を制圧したが、一九四四年になると、日本軍はアメリカ軍に対抗できず、その翌年八月、広島、長崎に原爆が投下されると無条件降伏し、戦争の首謀者である東條英機らは東京裁判の結果、処刑された。

戦争に勝利した国家群が、戦後、分裂して敵対関係に入る例は世界史に多々あるが、第二次大戦が終わるや、勝利した連合国側はソ連を中心とする共産主義陣営と、アメリカを中心とする自由主義陣営とに分裂して敵対関係に入った。その原因は、ソ連の独裁者スターリンが共産主義による世界制覇を企てたことにある。

当時、東ヨーロッパ諸国（ポーランド、チェコ、ハンガリー、ルーマニア、ブルガリア）の指導者らは、少しもソ連を敵視していなかったにもかかわらず、スターリンはソ連の強大な軍事力によって脅迫しつつ、彼らに共産主義を押しつけて、モスクワの衛星国にした。

これに脅威を感じた西ヨーロッパ諸国は、ソ連から各個撃破されないよう、結束して独立と安全とを守ろうとして、アメリカを主軸とする北大西洋条約機構を結成した。するとソ連は、衛星諸国を包含するワルシャワ条約機構をつくって対抗しただけでなく、新たに他の国々をも衛星国にするために、アメリカを凌ぐ多数の核兵器や長距離ミサイルなどを整備した。

スターリンは、このようにソ連を冷戦軌道に乗せた後、一九五三年三月、国家最大の英雄として全国民から惜しまれながら死去し、彼の遺体は、レーニンの遺体と並んでレーニン廟に安置された。

ところが、それから三年後の二月、フルシチョフ第一書記は共産党大会で演説し、スターリンの冷酷なやり方を完膚《かんぷ》なきまでに暴露した。このために、スターリンの名声は国家的英雄から一挙に犯罪者に転落し、彼の遺体はレーニン廟から取り除かれて地下に埋められ、全国いたる所に建てられていた彼の銅像は、次から次へと引き倒された。真に哀れな死後であった。

しかし、共産主義による世界制覇達成のために、ソ連がアメリカを凌ぐ大軍備を維持するという基本政策は、彼の後継者らに引き継がれた。こうしてモスクワは、一九七〇年代には世界総人口の三分の一を支配下に入れたが、当時のカーター米大統領はソ連の影響力の拡張を阻止する術を知らず、ソ連勢力の膨張はソ連の意のままに進められた。当時、米政府部内には、この調子でいくと二十世紀末までに、ソ連はアメリカを除く全世界を支配下に入るかもしれない、と真剣に心配する人もいたくらいである。

しかし、当時のソ連の国内総生産は、アメリカの三分の一以下。これではアメリカを凌ぐ軍事力を維持するのは無理である。果たせるかな、一九八〇年代が終わりに近づいたころ、このことが歴然と表面化してきた。そして、知性と勇気に富むゴルバチョフが一九八九年五月に大統領に就任するや、ソ連経済は崩れ始め、彼は同年十一月にベルリンの壁を撤去させた。

そして一九九一年にはソ連自体が崩壊し、衛星諸国は独立を取り戻し、ソ連を構成する十五の共和国もそれぞれ独立して、冷戦は終わり、ソ連の後継国ロシアは中位の国家に転落した。

こうして、両陣営は四十五年にわたり有史以来最強の軍事力を整備して相対峙したが、ソ連崩壊まで一発の砲火も交えることがなかった。そのため、これは冷戦と呼ばれるようになった。


次に、第三のアンチ（反）・キリストの有力候補とみなされていたイラクのフセイン元大統領がたどった運命をみてみよう。

彼は、一九七三年に政権を握るやいなや、核兵器を含む大量破壊兵器の製造に着手した。そして、一九八〇年には隣国イランに戦争を仕掛けた。この戦争は一九八八年に国連が調停に入るまで続いたが、この間、フセインはイラン軍に対して、またその後、独立を図ろうとしていたイラクの少数民族クルド族に対して、毒ガスを使用し、約三万の人命を奪った。

さらに、一九九〇年八月には、南に隣接する独立国クウェートを軍事力で奪取し、ここをイラクの領土であると宣言した。これに対し、国連安保理事会はイラクに対して、直ちにクウェートから撤退し、その独立を回復させるよう要求する決議案を可決したが、イラクが応じなかったために、アメリカ軍を中心とする連合軍は、その翌年クウェート占領中のイラク軍に壊滅的打撃を与えて、クウェートの独立を回復させた。

その後、国連安保理はイラクに対して大量破壊兵器の全面的破棄を要求する決議案を何度も可決したが、フセインは十七回にわたってこれらの決議に違反し、密かに大量破壊兵器の製造を続けていたとみられている。加えて、国際的テロを支援していたし、自分の政策に批判的な三十万人前後の市民を容赦なく闇に葬っていた。

このように、ナポレオン、ヒトラー、東條、スターリン、フセインらは、彼らの野望を達成しようとして、国際的調和と平和とを破壊した上に、大量の人命を犠牲にした。その意味で、彼らはまさしくサタンに奉仕したアンチ（反）・キリストだったといえよう。

これら五人の独裁者が始めた戦争には、いくつかの共通点がある。

第一は、これらの戦争は、独裁者が外国からの侵略に対する報復処置としてではなく、自ら版図を広げようという帝国主義的野心を実現するために先制攻撃をして始めたもので、その動機の裏には指導者の傲慢さがある。

第二は、これらの戦争はいずれも緒戦は順調に進み、指導者の野望が達成されるかにみえたが、終盤戦では形勢が逆転し、敗北に終わっている。

第三は、これらの戦争を仕掛けた国家は、いずれも敗戦によって衰退ないし滅亡し、それを仕掛けた独裁者は見るも哀れな最期を遂げている。

二十世紀後半からはテロ時代

二十世紀は、ニーチェが嘆いたとおり、破局的戦争の時代になったが、二十世紀最後の三十年間は過激な宗教団体、政治団体、あるいは一部国家の首脳らによるテロの時代に入った。そして、ノストラダムスが予言した第三のアンチ（反）・キリストの候補として、フセインと並んで登場したのが、テロの元凶オサマ・ビンラディンである。彼は過激なイスラム教徒で、一九九〇年代にテロ組織アル・カイダを世界的規模に発展させた。

テロというのは、組織的あるいは集団的暴力によって罪のない一般市民を暗殺、拷問、処刑などによって迫害し、ある政治目的を達成しようという行為である。これは、明らかに戦争に準じる悪で、二十世紀終わりごろには、文字どおり世界各地で横行するようになった。

イスラム教に聖典コーランは、虚偽の証言、盗み、姦淫、殺人などを禁止しており、これを犯した者への罰則も定めている。同時に、忍耐、親切、誠実、勤勉、名誉、勇気、寛大さを重んじ、不信、短気、惨忍さを戒め、一日に五回祈祷をし、豚肉、アルコール類は一切禁止、女性は外出のときにはベールを被るだけでなく、男性と一緒に歩くことも、自動車を運転することも禁じられており、これらの戒律を厳重に守ることを要求している。

その創始者マホメットは、彼の生地メッカでは受け入れられなかったために、信徒を連れてメディナに移った。そして、六十三歳のとき、現在のイスラエルの首都エルサレムへ行き、エルサレム旧市街の神殿の丘で死去した。このため、イスラム教では、この神殿の丘をモハメッドが馬に乗って天国へ昇った所として、メッカ、メディナについで、三番目の聖地に指定している。

イスラム教は、創立以来、急速にトルコ、バルカン半島、スペイン、中南米などに広がったため、キリスト教徒は脅威を感じ、これが感情的対立に発展した。過去四百年近くにわたって両者の間に対立、抗争が続き、最近でもバルカン半島などで、キリスト教徒がイスラム教徒を殺害する事件が頻発している。

イスラム教の過激主義者らは、アメリカをも目の敵にしている。その主な理由は、両者の文化の違いにある。イスラム教の戒律は厳しい。彼らは、アメリカをはじめとする西側諸国で女性の地位が男性と同じであるだけでなく、国民の間にアルコール、麻薬、セックスが横行しているのを見るにつけ、その文化がイスラム文化を危険に陥れることを警戒し、とりわけアメリカを極端なサタンだと決めつけて、打倒しなければならないと考える。加えて、アメリカが、中東問題でイスラエルの肩を持ち過ぎるとして、一層反米感情を強め、アメリカに対するテロへの意欲を燃え上がらせている。

その筆頭がオサマ・ビンラディンで、彼は自由主義諸国、ことにアメリカの文化を打倒することがアラーの願いであるとして、それを聖戦であると称する。そして、そのために命を捧げた者は、アラーの審判に適った殉教者として、死後、美しい小川が流れ、蜜がしたたり、おいしい果物がたわわに実っている楽園へ行き、愛らしい乙女たちに囲まれて生活できると言う。そうやって信徒をそそのかし、テロに駆り立てている。

しかし、罪なき一般市民の命を無差別に犠牲にするテロが、コーランの戒めに違反することには目を向けようとしないし、そのようなことにアラーの名を利用することが、アラーの神にとって迷惑千万ではないかということも考えようとしない。

イスラム過激派がアメリカに対して行った主要なテロを挙げると、まず、一九九三年のニューヨーク世界貿易センタービル地下駐車場爆破事件がある。このテロで六名の死者と千名以上の負傷者が出たが、ビル自体にはほとんど損傷はなかった。

次いで、一九九八年八月のケニアとタンザニアにあるアメリカ大使館爆破事件で、これによって主として現地人二百二十四名が犠牲になり、両大使館も相当な損傷を受けた。これに対抗して、クリントン米大統領はアフガニスタンにあるアル・カイダのテロ訓練所とスーダンにある薬品工場とを巡航ミサイルで爆撃した。その工場がテロに使う爆薬原料をつくっているという理由からであった。

ところが、この工場では市民用の薬品以外は何もつくっていないことが後で判明した。一方、訓練所では人的被害はなかった。

クリントンは、それ以上の報復処置を取らなかった。彼の政権は汚職続きで、クリントン自身も女性問題を起こし、アメリカ議会は彼に対する弾劾決議案を審議中であったから、彼も彼のスタッフもその対策に精力と時間とを費やし、総合的テロ対策を打ち出す気力も余裕もなかったのである。

次いで、二〇〇〇年一月にはイエメンのアデン港に停泊中のアメリカ駆逐艦コールが、接近してきたはしけに搭載されていた爆弾で破損し、水兵十七名が死亡、約四十名が負傷した。

同時多発テロへの反応

そして起こったのが、二〇〇一年九月十一日の同時多発テロである。これによって、アメリカの経済力を象徴する百十階建ての世界貿易センタービルが二棟とも倒壊し、軍事力の頭脳に当たるペンタゴン（国防総省ビル）の一角が破壊され、合わせて三千人近くの犠牲者が出た。

そのときまで、アメリカ国民の多くは、アメリカは二つの大洋によって守られているから安全だと信じ込んでいただけに、彼らが受けた心理的ショックおよび経済的打撃は莫大なものであった。

同時多発テロが起こったとき、アメリカの指導的聖職者の中には、「神様がなぜこのようなテロを許されたのか、理解に苦しむ」とか、「このテロ攻撃には神様が関与している」と言った人がいたが、これらの発言が基本的に間違っていることは、すでに述べた。

同時多発テロが起こるや、ブッシュ政権は直ちに世界的規模でテロ撲滅戦争に乗り出した。国内では国土安全保障省を新設して、テロに関する情報収集組織と対策を改善し、水も漏れないテロ防止体制をつくった。それから今日まで、ヨーロッパや東南アジア諸国は何度もテロに見舞われたが、アメリカでは一度も起こっていない。

同時多発テロが残した諸問題

ところで、オサマ・ビンラディンが同時多発テロ当時、大量破壊兵器（核兵器、化学兵器、生物学兵器および長距離ミサイル）をテロに使う意図を持っていたことは明らかであった。一方、イラクはアメリカに対する同時多発テロには関与していなかったし、アメリカを攻撃する意図も持っていなかったが、フセイン大統領はかねてからパレスチナのテロを支援しており、諸外国に大量破壊兵器を持っていると信じ込ませていた。そのため、ブッシュ大統領はイラクの大量破壊兵器がオサマ・ビンラディンの手に渡ることを恐れ、先に述べたように、国連安保理事会を通じて、イラクに国際原子力機関による現地査察を何度も要求したが、フセインが応じなかったために、二〇〇三年三月、イラクの大量破壊兵器を破棄する目的で同国に先制攻撃を仕掛けた。

結局、米軍が極力捜査したにもかかわらず、大量破壊兵器は見つからず、アメリカの情報収集の欠陥も指摘された。化学兵器や生物学兵器は小さい穴倉にでも容易に隠匿できるし、アメリカ軍の進攻直前にフセインがこれらの兵器を列車でシリアへ輸送したとか、イランに隠匿したという説も流れたが、いずれも裏付けになる証拠は得られなかった。

ところでアメリカ軍の先制攻撃によるこの戦争は、緒戦では予想外に順調に進み、ブッシュ大統領は侵攻後わずか一カ月半にして、太平洋に浮かぶ空母アブラハム・リンカーン号に飛び、「使命は完遂した」と宣言した。

それでも、大量破壊兵器が見つからなかったために、彼は侵攻目的を、残虐非道なフセイン大統領を排除し、その後へ民主的政権を樹立することに切り換えた。

だが、ここには重大な問題が潜んでいる。大体、ある国がどのような形態の政府を持つかは、その国の国民が決めるべきことであって、外国がいくらこのような形態の政府が国際の平和と安全の維持にとって好ましいと考えても、それを他国に押しつけるべきではない。したがって、この決定の背後には超大国アメリカ政府首脳の傲慢さが働いたのではないかと推察される。

いずれにせよ、この計画は中東諸国を不安に駆り立てた。ことにイラクに隣接する独裁国家イラン、シリア両国政府は警戒心を抱き、イラクへ自爆テロ団を何度も送り込んだり、新設されようとする民主的政府を妨害して米軍を苦しめたりした。イラク国民の中にも、フセイン支持者をはじめ、反米主義者らがおり、彼らもテロを行って民主的政権に反対し続けた。このために、イラクの政情は容易に安定せず、侵攻後五年間も泥沼化し、米軍の死者は四千人を超えた。国内でもイラク戦争は著しく不評になったが、かといってブッシュ大統領は米軍を引き揚げるわけにもいかない。引き揚げたら情勢がさらに悪化し、イラク戦争を起こしたアメリカは世界各国から責任を問われることになるし、ビンラディンらのテロ集団はアメリカに勝ったと言って気勢を上げ、世界各国はますますテロの脅威に脅かされることになる。

そこで、二〇〇七年一月、ブッシュ大統領は、最後の手として、クウェートに待機中の二万四千人の米軍を投入し、ペトラエウス大将を現地の最高司令官に任命した。これが効を奏し、イラクの治安は著しく改善され、ヨルダンやシリアに難を逃れていた二百万に上るイラク人が戻ってくるようになった。また、米軍が訓練したイラクの治安部隊や警察が、米軍に代わって自国の平和維持に当たるようになり、米軍は二〇〇八年から少しずつ兵力を引き揚げるようになった。

戦史に照らしてみたイラク戦争

さて、先にナポレオンをはじめ、五人の独裁者が起こした先制攻撃による戦争の主な共通点を上げたが、これらに照らして、イラク戦争はどう分析できるだろうか。

第一に、ブッシュ大統領が同時多発テロを行ったアル・カイダおよびその温床であったアフガニスタンのタリバン政権に攻撃を加えたことは、極めて当然な報復処置であって、非の打ちようがないことは、すでに述べた。

ところが、アメリカがイラクに対して先制攻撃を仕掛けたことには、帝国主義的意図がなかったにせよ、自分の意志を不当に外国に押しつけようとしたという点で、超大国の傲慢さが伺える。また、ブッシュ大統領が開戦後わずか一カ月半にして、「使命は完遂した」と述べたほど、緒戦では優勢であったが、その後は情勢が泥沼化し、米軍の死傷者が続出したという点で、独裁者らの諸戦争に似ている。

一方、イラクには大量破壊兵器が見つからなかったために、ブッシュ大統領およびアメリカの中央情報局は、内外から厳しい非難を浴びたが、それでは非難したマスコミや政治家の中で、事前にイラクに大量破壊兵器がないと確信を持って言った人は一人もいなかった。フセイン大統領は、一九八〇年に、イラン軍だけでなく、クルド族に対しても毒ガス（化学兵器）を使って大量の死傷者を出しているし、長年、大量破壊兵器の専門家を閣僚にしていた。米軍が侵攻する直前になっても、彼は大量破壊兵器を持っていないとは言わなかった。また、イラクと特に深い関係にあったロシアおよびフランスの国連大使らも、二〇〇二年二月の安保理で、イラクに大量破壊兵器を破棄するよう要求した決議案に賛成したから、これら両国もイラクに大量破壊兵器があると信じていたわけである。したがって、なかったではないかといって、アメリカを責めるのは酷である。

後で分かったところによると、先にイランに戦争を仕掛けたフセイン大統領は、今度はイランから戦争を仕掛けられるのではないかということを心配して、イラクが大量破壊兵器を持っているという印象をイランに与えておくことによって、戦争を仕掛けられないようにしておきたかった。このために国連の査察を認めなかったし、暗に大量破壊兵器を持っているかのような態度を取り続けたのである

元来、戦争は、戦闘員だけでなく、一般市民の間からも多数の犠牲者を出す上に、建造物を破壊し、大衆の平和な生活を破壊するから、原則として罪悪である。よって、仕掛けられた攻撃に対する報復以外は、極力回避すべきである。

イラク戦争は六年も続き、米国は約四千三百人の戦死者と一万三千人の負傷者を出しただけでなく、一兆ドル近くの戦費を使った上に、これが国の内外であまりにも不評になったために、アメリカ政府の威信と権威とは地に落ち、その国際的影響力は目に見えて低下した。また、これに巻き込まれて死亡したイラク人は数万人に上り、人口の約一割に上る人たちがシリア、ヨルダンなどに避難して、破壊された建造物も莫大な数であった。どの戦争でも似たようなことがいえるが、イラク戦争もこのような莫大な犠牲を払ってまでする必要はなかったはずである。

たとえフセインが大量破壊兵器を持っていたとしても、外交交渉を尽くし、代償を払ってでも破棄させせた方がはるかに賢明であり、安上がりであったといえる。

いずれにせよ、この戦争を始めるに当たって、アメリカ政府首脳の間には帝国主義的意図はなかったものの、彼らの傲慢さは、右に述べた五人の独裁者ほどではなかったにせよ、わずかながらあって、そのためにブッシュ大統領は過ちを犯し、彼およびアメリカの威信と権威とを傷つける結果になった。

国家、特に超大国の指導者は常に謙虚な態度を保持すべきであって、このような態度こそ指導者の威信を高め、その国家を繁栄させることは、世界史が物語るところである。

第二節　神と絶縁した文化

二十世紀に入ると、人々が世俗化してサタンと手を組んだために、サタンが猛威を振るうようになり、人間は神および霊的なものと絶縁状態に陥った。その結果、道徳は低下し、人の命は粗末に扱われ、凶悪犯罪が増えた。二十世紀には、このことが社会や文化などの面にも歴然と現れ、自殺、殺人、死刑、同性愛、人工中絶、飢餓、悪病などが流行し、芸術面では、伝統的な調和と秩序が混濁状態に陥った。

殺人者の霊がたどる惨めな末路

人間の命が神にとっても人間自身にとっても極めて貴重なものであることは、すでに述べた。自殺や他殺によって人の命を奪う権利は誰にもない。それは、神の期待を裏切る重大な悪事であって、神に対するマイナスのカルマとなり、社会や隣人に対するカルマよりもはるかに重大である。

家族制度が崩れた現代の日本では、生活苦から自殺する老人が九人に一人の割合であるといわれている。しかし、死んだらその人の霊は肉体的苦痛から解放されるが、霊が霊界で受ける苦しみは、地上で味わってきた精神的苦痛よりはるかに厳しい。自殺者、他殺者の霊が霊界で受ける報いは激しく、そのカルマを返済しようとして輪廻転生しても、新しい人生は耐え難いほどの苦難に満ちたものになる。これは、自殺者、他殺者の霊と交流した霊能者や前世を研究した精神科医らの一致した意見である。

大多数の臨死体験者は、その体験について、霊界にいる霊たちは皆親切で愛に満ちており、あまりにも居心地がよいために、このまま永久に霊界に留まっていたかったという。しかし、自殺を企てて死にきれず、その間に臨死体験した人たちは、まるで地獄へでも落とされたかのような嫌な印象を持って帰ってくるため、それ以後は絶対に自殺をしない決意をするという。

罪なき人を殺す可能性のある死刑

それでは、死刑はどうだろうか。死刑は、重大な罪を犯したと断定された人を、毒ガスの部屋に閉じ込めたり、その肉体に毒物を注射したり、電気的ショックを与えたりして、その人の肉体を破壊し、霊がその中に留まっておれない状態にして、霊を霊界へ追放する仕組みであるから、これは国家ないし地方政府の名において行われる殺人行為である。つまり、永遠の生命を持った霊に対して、国家ないし地方政府が、その霊に人間としての天命を全うさせないで、早く霊界へ追放する刑である。

神と絶縁した二十世紀の人々は、人命の価値を粗雑に考えるようになり、さまざまな方法で、安易に人を殺すようになった。共産主義諸国では一億以上の人々が血の粛清に処され、ナチス・ドイツは六百万のユダヤ人を虐殺し、イラクでは三十万近い人々がサダム・フセインの手で闇へ葬られた。

アメリカでの死刑は、意図的、計画的、かつ凶悪な殺人犯に対する罰則としてだけでなく、他人に対する見せしめという意味もある。国家や社会の調和と秩序と安全とを維持する責任を持った為政者にしてみれば、意図的殺人犯がしばしば同じような犯罪を繰り返す可能性がある以上、犯人を極刑に処したくなるのも無理はない。しかし、同じ犯罪を繰り返させないためには、終身禁固刑で十分なはずである。

神は愛そのもの、慈悲そのものであられるから、このような意図的凶悪犯に対しても、その人が地上で生活している間に、前非を悔い改め、少しでもカルマの償いをすることを望んでおられるに違いないから、彼らを死刑にせず、終身刑にして、カルマ返済の機会を与える方が神の意にかなっている。

先に、テキサス州ヒューストンに住むアンドリア・イェーツさんが憑依霊にとりつかれて自分の子ども五人を水死させ、裁判の結果、終身刑で済んだ例を取り上げた。ここでは、同じく憑依霊にとりつかれて凶悪な殺人を犯したが、憑依霊が逃げ去った後、我に返って心から前非を悔いただけでなく、人並み以上に神の意志に忠実な人間になりながらも死刑にされた例を取り上げよう。これもテキサス州ヒューストンで起こった事件である。

カーラ・ブラウンは、一九八三年六月にボーイ・フレンドのダニエル・ガレットと共謀して、かつて同棲していたジェリー・デーンのオートバイを盗もうとして彼の家に押し入り、彼とそこに居合わせたデボラ・ソーントンさんをつるはしでめった打ちにして殺した。その手口は惨忍そのものであったが、カーラさんはなぜこんなことをしたのだろうか。

彼女には姉が二人いたが、幼少の頃から虐待されたり無視されたりしたために、ぐれて十二歳のときに早くも麻薬中毒になった。母親の努力で一応治ったものの、十三歳の時からある音楽隊に加わって旅行するうちに、再びコカインに手を出すようになった。そして十五、六歳にしてスティーブン・グリフィスと結婚したが、五年後に離婚。その後、売春婦になり、麻薬の売買にも手を染めた。その上でつるはしによる犯行に及んだのである。

このように、彼女は幼少の頃、よい家庭にも愛にも恵まれず、虐待されたり、無視されたりした。そのため、彼女は十数年間、さまざまな意図を持った複数の悪霊にとりつかれた。ある霊は彼女に麻薬を吸わせ、ある霊は彼女を売春婦にしたのである。

この犯行に対する裁判で、彼女ははっきりと後悔の情を表したにもかかわらず、ガレットと共に死刑の判決を受けた。ガレットは十年後に肝臓病で獄中死したが、カーラさんは獄にいる十五年間にクリスチャンになり、人間的にも全く別人のようになり、同僚の囚人たちをも改心させていた。そこで、彼女の弁護団は、彼女を終身刑に減刑するよう恩赦委員会に申請したが、一九九八年一月、恩赦委員会はこれを拒否した。そのために、カーラさんは同年二月三日、死刑を執行された。テキサス州で女性が死刑を執行されたのは、南北戦争中の一八六三年以来、初めてのことである。

ここで問題になるのは、犯行前と後の、どっちが本当のカーラさんだったかという点である。物事の判断が十分につかない幼少のころ、冷酷な仕打ちを受けていた彼女は、憑依霊の絶好の対象となり、さまざまな悪霊に愚弄されたあげく、最後に最も凶悪な憑依霊にとりつかれて、つるはしで人を殺した。目的を果たして満足した憑依霊は、カーラさんを脱け出して、肉体をカーラさんに返した。一方で、本来の自分に戻ったカーラさんは、信心深い善良な本人に戻ったのではないだろうか。このようなことはしばしばあることで、この見方が正しいとすれば、罪を犯したのは憑依霊であるから、カーラさんはむしろ無罪にされてしかるべきであった。

もし現代人の多くが、イエス・キリスト時代の人々のように、霊的で、憑依霊に関する知識を常識のように持っていたとすれば、憑依霊にとりつかれて罪を犯した人を死刑にすることはないであろうが、現実はそうではないために、無実の人が死刑にされるという取り返しのつかない誤りをしばしば犯しているのである。

仮に憑依霊の問題を追及しなくても、獄中で善良な人間に戻って隣人を善導し、幸福にし、社会の調和と秩序を乱す恐れが全くないのみならず、むしろ積極的にそれらを推進する人になって、もはや悪霊にすきを与えないほど自己を堅持するようになった彼女のような人は、無罪にして釈放した方が、社会のためにもなったであろう。それにもかかわらず、恩赦委員会が彼女を減刑にしなかったことは、その委員会が神の前に取り返しのつかない過ちを犯したことになったといえよう。

いずれにせよ、死刑の是非を論じる場合には、その犯罪が本人自身によるものか憑依霊によるものかを考慮することが重要である。

それと同時に、神が何人《なんぴと》にも人を殺す権利を与えてはおられない点をも考慮すべきである。この点からすれば、国家の独立と安全とを維持し、国民の生命と財産とを守る義務を負っている国家にも、人命を奪う権利がないことになる。

先進諸国の中では、フランスが一九八一年に死刑を禁止し、他のヨーロッパ諸国もこれに倣《なら》ったが、アメリカでは一時廃止したものの、一九七六年に最高裁が復活した。そして、一九九九年に死刑判決を受けた人は三千五百二十七名、死刑を執行された人は八十七名に上った。

妊娠の人工中絶

アメリカの大部分の州には、一九七〇年頃までは人工中絶を禁止する法律があった。ところが、一九七三年、連邦最高裁判所が、妊娠後六カ月以内の胎児の人工中絶を禁止することはできないという判決を下して以来、これは国論を二分する大問題となり、大統領選挙ごとに政争の具にされてきた。一方、この判決が出て以来、二十一年間に実に三千二百五十万件もの人工中絶が行われてきた。

人工中絶に賛成する人々は、妊娠後三カ月まではまだ中枢神経が出来上がっておらず、胎児にすら達していないエンブリオ、つまり萌芽の状態にあって、人間としての権利を持っていないから、この間の人工中絶は殺人にならないと主張する。そして、一部の人は、それ以後は中枢神経が働きだして胎児になり、人間としての権利を持つようになるから、人工中絶はすべきでないと主張する。

しかし、人工中絶賛成者の多くは、人工中絶をするかしないかは女性の選択の権利の問題であると主張して、エンブリオや胎児のことは考えない。これに反対する人々は、生命は妊娠と同時に始まるから、エンブリオにしろ胎児にしろ、人工中絶は人道上許せないと言う。

アメリカの有権者の半分以上は女性であって、その多くは女性の選択権として人工中絶に賛成であるために、もともと人工中絶に反対の候補者でも、選挙に際して彼らの票を獲得したいために、以下のいずれかに限って人工中絶を認めるという妥協案を提示している。

(一)妊娠の持続および出産が、母親の健康や生命に危険を及ぼす場合
(二)生まれてくる子どもに重大な肉体的、精神的欠陥が認められた場合
(三)強姦ないし近親相姦などによって妊娠した場合

ところが、賛成者にしろ反対者にしろ、彼らは霊的見地からこのことを考えようとはしない。

つまり、エンブリオないし胎児の中に人間の主体である霊がすでに入っているかいないか、あるいはある霊がそれを取得する予約をしているかいないかという点である。

賛成者は、反対者を女性の権利を侵害すると言って非難するが、妊娠した女性に対して、妊娠した責任を問おうとはしない。つまり、妊娠した後、子どもを持つのが都合悪いという理由だけで、胎児に入っているかもしれない霊、あるいは予約を取っている霊の権利は全く考慮しないのである。その意味で、このような考えは自己本位的、利己主義的であるといわれても致し方あるまい。

神は、人間に対して「産めよ、増えよ、地に満てよ」と仰せられているから、それがエンブリオであろうと、胎児であろうと、人間の霊を入れる可能性を持ったものを破壊することは、殺人ではないにしても、それに準じる行為、つまり神の意志に反する行為であるから、神の意志を尊重しようとすれば、人工中絶には反対すべきだということになる。

人々がお互いに自分に都合のよい権利を主張し合えば、それらの権利が衝突して葛藤や闘争が起こり、社会の秩序や平和は維持できなくなる。むしろ神の意志を尊重し、それを優先的に実践すれば、世界には調和、秩序、統一、平和が維持されるから、何事をするにも、まず神の意志を優先的に尊重し、それに従うべきである。

アメリカの聖職者の中には、聖書のどこにも人工中絶を禁止せよと書かれていないと言って、これに賛成する人もいる。こういう人たちは、聖書が書かれた時代の人々が現代人よりもはるかに霊的で、人工中絶がほとんど行われておらず、したがって、聖書に取り上げられるような問題にはなっていなかった事実を見落としている。また、聖書に書かれていないからという理由で容認することは、自分の身勝手な考えを肯定するために聖書を利用し、聖書に責任を押しつけることを意味する。聖書にしてみれば、迷惑至極な話である。

いずれにせよ、二十世紀最後の三十年間に人工中絶賛成者が急増した理由は、人々がますます神と絶縁した結果であるといえよう。

日本国民の間では、万物の創造主である神を信じる人が少ないこともあってか、長年妊娠の人工中絶が野放しにされており、現在でも年に三、四十万件は行われていると推定されている。日本は人口が減っており、一億人を割ると経済大国の地位を維持できなくなると言って心配する向きもある。人口中絶に一定の条件をつけるだけでも、現在の人口水準を維持できるはずであるが、そういう考えを公然と主張する人もほとんどいない。

神の意図と相いれない同性愛

同性愛の歴史は洋の東西を問わず古い。多くの社会ではこれを不道徳であるとし、またある組織ないし団体は、秩序を乱す恐れがあるとして、それを禁止している。

アメリカの多くの州は、二十世紀半ばまで同性愛を法律によって禁止していた。同性愛者の間にも、これを不道徳であると考える人が圧倒的に多かったから、自分たちが同性愛であることを恥じ、それを極力隠そうとしていたし、同性愛者のいる家庭では、彼らを外へ出して家へ寄せつけない風潮さえあった。

では、この問題は、どのように考えるのが正しいだろうか。

万物の創造主であられる神は、さまざまな動物を雄と雌、人間の場合には男と女とに分け、それぞれに異なる性格、特徴、機能をお与えになり、両者が愛を通してその機能を正しく発揮することにより、「産めよ、増えよ、地に満てよ」と願っておられる。

創世記には、神はアダムとイブとを補い合う関係としてつくられたとある。つまり、人間が子孫をつくるためにも、男は男としての機能を発揮し、女は女としての機能を発揮しつつ、両者が相補うようにつくられたのである。

同性愛については、新約聖書ローマ書（第一章二十五節から二十七節）には、次のように書かれている。

「彼らは神の真理を偽りと取り換え、つくり主の代わりにつくられた物を拝み、これに仕えた……こういうわけで、神は彼らを恥ずべき情欲に引き渡された。すなわち、女は自然の用を不自然なものに変え、同じように、男も、女の自然な用を捨てて、男同士で情欲に燃え、男が男と恥ずべきことを行うようになり、こうしてその誤りに対する当然の報いを自分の身に受けている」

これをみても、二十世紀半ば頃まで、多くの人が同性愛を恥ずべきことだと考えていたことはうなづける。

一九五三年、アイゼンハワー大統領は、連邦政府が同性愛者を雇うことを禁止する行政命令を出したが、この命令に公然と反対する者はいなかったし、政府部内にいた同性愛者の多くは、別の理由をつくって静かに辞めていった。

ところが、二十世紀も七〇年代に入って世俗化が進むと、アメリカでも同性愛者が増え、小・中学校の教職員の中にもかなりいることが明らかになった。そのため、父兄たちが児童に及ぼす悪影響を心配して、同姓愛者を教職員から締め出す運動を始めた。すると彼らは、自分たちの職場を守るために結束して立ち上がり、街頭へ出て堂々とデモ行進さえするようになった。これをきっかけに、アメリカ各地では同性愛者の組合が結成され出した。

アメリカの軍隊は、風紀や士気を損なう恐れがあるという理由で同性愛者の入隊を禁止していたが、八〇年代になると、入隊を要求する同性愛者らの声が高まった。そこで、一九九二年の大統領選挙戦中、民主党のクリントン候補は彼らの票を獲得したいばかりに、当選したら同性愛者を入隊させることを公約した。そして、大統領に就任するや、真っ先にこの公約を果たそうとしたが、制服組の激しい反対にあって一頓挫した。

しかし、彼にしてみれば、四年後の再選に当たって彼らの票を失いたくなかったので、条件付きながら制服組に入隊を認めさせた。つまり、軍隊の士気と規律の犠牲において、換言すれば軍事力の犠牲において同性愛者らの要求を容《い》れたのである。すでに霊界入りしていたアイゼンハワー元帥は、どれほど嘆いたことであろうか。

西ヨーロッパ諸国の一部やカナダでは、もっとひどい状況になった。カナダでも同性愛者同士の結婚を禁止していたが、二〇〇三年六月、オンタリオ州の控訴裁判所は、同性愛者同士の結婚を正式に認める判決を全会一致で下した。この判決について、当時のジョン・クレチェン首相は、閣議を開いた後に記者会見し、「歴史は社会が進化していくものとして見るべきだ」(ニューヨーク・タイムズ・二〇〇三年六月十八日付)と語ったが、進化というのは神が定められたロゴスないし天の理法に従って行われる変化をいうのであって、同性愛者同士の結婚は明らかに天の理法に反するから、これは退化と呼ぶべきであろう。

西ヨーロッパ諸国の中では、ベルギーとオランダとスペインとが、同国に居住する者に限って同性愛者同士の結婚を合法化していたので、カナダは世界で四番目の同性結婚を認める国となった。加えて、カナダは居住条件を設けていないから、外国に居住する同性愛者同士もカナダへ行けば合法的に結婚できる。ただし、それは自分たちの居住国では合法的だとは認められない。

アメリカのブッシュ大統領は、二〇〇三年七月の記者会見で、同性愛に関する見解を聞かれたのに対して、「われわれの社会では各個人を尊重し、善意をもって受け入れることが重要であるが……私としては結婚は神聖かつ高潔なものでなければならないと信じている。つまり、結婚は男と女との間でなければならないと思っている」と答えた。これをみても明らかなように、ブッシュ大統領の方がクレチェン首相よりも神の意図に沿い、社会の調和と秩序とを守ろうとしているといえよう。

続いて二〇〇四年二月、マサチューセッツ州の最高裁判所は、四対三の僅少差で同性愛者同士の結婚を認める判定を下した。アメリカでは初めてのことである。

また、二〇〇三年六月には、聖公会のニューハンプシャー管区では、同性愛者であることを自認していたジーン・ロビンソン牧師が、七十七名の牧師の中から五十八票、百六十五名の信徒の中から九十六票、すなわち約三分の二という驚くべき多数の賛成を得て主教に選出された。この賛成票の数を見ても分かるように、いくらリベラル色の強いニューハンプシャー州だとはいえ、キリスト教の牧師および信徒の多数が同性愛に迎合するというようになったことは、二十世紀半ばまでは考えられなかったことである。

極東諸国の文化は恥の文化だといわれ、恥になることを慎む傾向が強い。そして同性愛は恥だと見ており、中国では二〇〇一年まで同性愛を精神病の一種に指定していたが、その後中国でも運動が広がってきたために、これを精神病の範疇《はんちゅう》から外した。

このように、わずか三、四十年の間に、同性愛に関する人々の態度は驚くほど変化し、二十世紀末には、アメリカでも同性愛者の勢力が強くなった。

世の中には普通の女性よりも女性っぽい男性もいるし、普通の男性よりも男性っぽい女性もいる。輪廻転生した女性の中には、前世が男性であった人もいるし、男性の中には女性だった人もいる。そのために前世が男性だった男性っぽい女性は、肉体的に女性に魅力を感じるし、女性だった女性っぽい男性は、男性に魅力を感じて、同性愛に陥ることもある。

このようにみてくると、同性愛者を頭ごなしに責めることはできないが、そうだからといって、これを容認するのは間違いである。彼らがもう少し霊的になれば、自制して同性愛に陥らなかったはずである。自制しなかったのは、彼らが俗世間的、物質的、肉体的なものに興味と関心とを持ち過ぎた結果である。

したがって、彼らが霊的になって冷静に理性と知性とを働かせ、静かに自分の本心に訊ねてみると、自分たちが人道に反する生き方をしていることに思い当たるに違いない。そしてその責任が全面的に自分にあると考えるようになるであろう。

ところがアメリカでは、最近、マサチューセッツ州以外にも、同性愛者の結婚は認めないまでも、彼らを夫婦と認めた上で他人の子どもを養子にすることを公認する州が出てきている。そうなると、子どもたちまでが男性を母親と呼ばされ、女性を父親と呼ばされることになる。つまり、社会通念に反する夫婦観、家庭観が植え付けられることによって、健全な家庭というものの価値観が崩されつつある。家庭は社会、国家を形成する細胞であるから、細胞が不健全で正常に機能しなくなれば、いずれその社会、国家全体が崩れていくことになる。

このように、二十世紀後半の人々は、霊的、内面的、精神的でなくなり、世俗的、物質的、肉体的なものに興味と関心とを持つようになり、世界の道義・道徳の水準は地に落ちた。ニーチェの嘆きがまさに的中したわけである。

カトリック聖職者の醜態

ニーチェは、宗教が人間の性格を変える力を失ってしまったと言って嘆いたが、中でもカトリック教会は、彼の嘆きに輪を掛けるような醜態ぶりを演じている。一九六〇年代以降、同教会の多くの聖職者が無数の未成年者に対して性的暴行をしていたにもかかわらず、彼らの上司は彼らに対して生ぬるい処分しかしていなかった。

全米カトリック司教協議会は二〇〇四年二月に、この問題についての調査報告書を発表したが、それによると、一九五〇年から二〇〇二年までの間に、米カトリック教会の神父四千四百五十人が児童への性的虐待を行った疑いがあり、その件数は一万一千件に上ったという。

この五十年間、約十一万人の神父がいたが、そのうちの四パーセントが暴行の疑いをかけられている。加えて、二件以上の暴行容疑のある神父は一千八百人以上、十件以上が百三十三人で、被害者の七八パーセントは十一歳から十七歳までの少年男女、七歳以下は全体の六パーセントを占めている。

ボストンのロー枢機卿は、部下の性的暴行を隠蔽《いんぺい》したり、転職程度で済ませていたことが明らかになったために、その責任を取らされて辞任に追い込まれた。彼の辞任後、ボストンの大司教区は五百五十二名の被害者に対して八千五百万ドルの慰謝料を払ったが、暴行を受けた未成年者たちは、慰謝料ぐらいで心に残った傷を癒すことはできないだろう。

結果として、米国でカトリック教会が経営する小、中学校は生徒数が激減し、経営難に陥って閉鎖するところが続出した。

イギリス、フランスをはじめ、ヨーロッパ諸国でも同様のことがあったが、それが表面化するにつれて、カトリック教会は懸命に隠蔽を始めた。しかし、中には裁判になり、教会側が十億ドルもの賠償金を支払ったり、示談で慰謝料を十億ドル払った例もある。

ここには、二つの主要な問題が含まれている。

一つは、罪の意識の問題である。カトリック教会では、信徒が神父の前で罪を告白すれば、その罪は許されることになっている。そこで、罪を犯した信徒は神父に告白する。一方で、神父は人の罪を許す権限を与えられていると信じているため、自分の罪も当然自分で許せるし、またこの権限のために知らず知らずのうちに罪を犯すことに抵抗を感じなくなる。

もう一つは、カトリックの聖職者らが結婚を許されていないことである。性的欲求を抑えきれない聖職者らは、そのはけ口を無力な未成年者に向ける。

このような暴行は神を欺く行為であるから、聖職者としては絶対にすべきではない。にもかかわらず、ローマ法王も筋の通った断固たる包括的処置を打ち出さなかった。結果として、カトリック教会の将来に暗い影を投げかけるものとなったのである。

金銭、物質に貪欲になった現代人

二十世紀後半の人々は、金銭、物質、肉体の面で貪欲になり、何らかの事故に巻き込まれると、すぐ裁判に持ち込み、相手から賠償金を取ろうとするようになった。このような傾向は、アメリカはじめ自由世界諸国で強くなっている。医者に対する訴訟も同様である。

医者も人間であるから、間違いをすることもある。患者の方は、医者を神様だと思ってかかっているわけではあるまい。人間であると思っているはずである。したがって、誤りを犯すことだってあり得るという前提でかかっているはずである。ところが、多くの患者は、医者が故意や悪意でなく、誤って診断を下しても裁判所へ訴える。そこには金銭に対する貪欲さはあっても、常識、寛容、思いやり、赦しの気持ちはひとかけらもなく、双方の恨みを増幅させるだけである。

アメリカでは、二十世紀の後半からこの種の裁判沙汰が激増し、医者はそのために保険に入り、弁護士を雇わなければならなくなった。敗訴することもあるから、保険料が一年に二倍にも三倍にも膨れ上がる。それをカバーするために、診察費、治療費が高くなり、一般患者にも迷惑が及んでいる。

世俗化に染まった芸術

このような風潮は、絵画、彫刻、音楽などの芸術面にも及んだ。

本来、芸術は人々の美的感覚に訴えてその情操を高めるものである。したがって、芸術家がその作品の中に含まれる醜をできるだけ少なくして、極致に近い美を表現すれば、人々の美的感覚はそれだけ強く共鳴し、感動し、時には涙さえ流すものである。レンブラント、ゴッホ、モネらの絵画、ミケランジェロの彫刻、ベートーベン、モーツァルトなどの音楽が長い歴史とさまざまな文化の篩《ふるい》にかけられながら、いまだに人々に感動を与え続けている理由は、これらの作品が時代や文化や歴史を超越した芸術的価値、つまり極致に近い美を表現しているからである。

ところが、二十世紀に入ると、芸術作品までが世俗化されてきた。絵画では抽象画が幅を利かせ、観る人はまずそれが何を表現しているのかと、美的感覚でなく、知性を働かさなければならない。絵画の題材も、人間の内面的、美的感覚に訴えるよりも、外面的、肉体的欲求を興奮させるようなものが多くなった。

音楽についても同じことがいえる。二十世紀半ばには、古典音楽のハーモニーとテンポの均衡と秩序とを踏み外したジャズが生まれ、次いでポップスとかロックと呼ばれる大衆音楽が若者の間で熱狂的な人気を博すようになった。これらも、静かに心の内的感覚、美的感覚で観賞しようという類いのものではなく、外面的な肉体のリズムに共感を与え、それにつられて踊りたくなるようなものである。そこには娯楽的価値があるかもしれないが、美的感覚を共鳴させるものはない。つまり、本来の芸術としての範疇に入らないから、古典音楽愛好家たちは、ほとんど興味も関心も示さない。このことは、ポップスやロックが、特定の時代、文化、社会の中では通用しても、時代、文化、社会を超越した真の芸術的価値を持たないことを意味する。したがって、世俗化時代を過ぎれば、衰退していく運命にある。

このように、二十世紀後半には、芸術的美を追求すべき絵画や音楽までがその範疇を踏み外してしまった感がある。

司法界までが世俗化に迎合

二十世紀も半ばを過ぎると、アメリカはじめ民主主義諸国の司法界、ことに裁判官の中に世俗化に染まった人が多くなり、彼らが下す裁定ないし判決に、そのような傾向が現れてきた。

その顕著な例が、アメリカ西部諸州を管轄下に入れている第九巡回高等裁判所が、二〇〇二年六月末に下した裁定である。

アメリカの小、中学校では、朝礼のとき、国旗を前に国家に忠誠を誓う文言を唱えるが、その中に「神のもとで」という言葉がある。カリフォルニア州のある無神論者が、これを憲法修正第一条にある政教分離の原則に反するとして、学校で唱えることを禁止するよう同裁判所に提訴した。同裁判所は、賛成二、反対一で、これに同意する裁定を下した。

この裁定を容認すれば、アメリカの大統領はじめ政府の高官が就任の宣誓のときに、聖書に手を置くことも、その職務を遂行するに当たって「神よ、助けたまえ」ということも、政教分離の原則に反するから禁止すべきだということになる。

アメリカの憲法修正第一条が成立したのは、一七九一年十二月。そしてこの宣誓文に、「神のもとで」という言葉を入れたのは一九五四年であったから、わずか五十年後に高等裁判所が前記のような裁定を下したのである。

この裁定が下ったのは、同時多発テロでアメリカ国民の愛国心が盛り上がっていたときであっただけに、多くの国民は憤慨し、ほとんどすべての連邦議会議員も非常識過ぎると立腹した。

そのため、この裁定に賛成した判事の一人は、その裁定を保留し、裁判所としての裁定を覆した。しかし、議会はこれらの判事を弾劾しようとはしなかった。

人類の歴史が始まって以来、多くの人々が万物の創造主としての一人の神を信じてきたし、世界人口の過半数を占める三大啓示宗教の信徒らは、例外なく信じている。また、アメリカ建国の創始者らは、アメリカをユダヤ教、キリスト教思想の上に建てることを決めている。無神論者は極めて少ないのであるから、そのような人の提訴を裁判所が取り上げて審議することすら常軌を逸している。神は宗教や国家などを含むすべてのものを超越し、万物の根本におられるから、「神のもとで」とか、「神よ、助けたまえ」という言葉は、宗教を超越したものである。その意味で、政教分離といってうんぬんすべきものではないのである。

もし「神のもとで」が憲法の規定に反するのなら、憲法の方を改正すべきであって、「神のもとで」の方を抹殺するのは、本末転倒も甚だしい。アメリカでは、一部の裁判官が世俗化した結果、このような裁定がしばしば下されるようになった。

その後、連邦最高裁判所は、第二高等裁判所が審議したこの問題を審議した結果、全会一致で否決したが、連邦最高裁判所でさえ、それ以前に同じような傾向の処置を取ったことがある。

アメリカでは、テキサス州を含む十三の州に、同性愛を犯罪とする法律がある。そのため、テキサス州で有罪になった二人の同性愛の男性が、この法律をプライバシーの侵害であり、憲法違反であるとして、連邦最高裁に提訴した。連邦最高裁はその十七年前にも同じような提訴を受けたが、そのときにはこれを〝たわごと〟であるとして却下し、多くの州の同性愛関係取締法を事実上容認した。したがって、テキサス州の男性の提訴に対しても同様に却下するのが、法の一貫性を保つ上で当然のことであった。

ところが――。最高裁は二〇〇二年十二月、これを取り上げることに決めたのである。これが過ちの第一歩であった。

翌年の六月下旬、最高裁は、テキサス州の法律がプライバシーに関する基本的人権を侵害するもので、憲法違反に当たるという裁定を、六対三で下した。その結果、同性愛関係を有罪とする法律を持つ十三の州では、その法律を撤回せざるを得なくなった。これは、十七年という比較的短期間に、同性愛に関するアメリカ国民および最高裁の判事という要職にある人々が、神の意図に反する方向へ移行したことを物語るものである。

こうして、この判決に勇気づけられた彼らは、さらに一歩を進めて、同性愛者同士の結婚を合法化するよう州政府や連邦政府に要求するようになった。つまり、このような裁定を下した最高裁の判事は、神の意図に反する状態を助長し、奨励する結果を招いたのである。

第十二章　嘆かわしい日本文化の変遷

　前章では、主としてアメリカを中心として、二十世紀における政治、文化の変遷を述べたが、島国日本の歴史や文化には特有なものがあり、その変遷の仕方も自ら西洋とは違ったものがある。大東亜戦争以前の日本文化を体験したものから見ると、最近の日本の変わりようは嘆かわしく、日本の将来について危惧の念を抱かざるを得ない。

武士道精神を弁《わきま》えていた日本民族

一八五三年、ペリー提督率いる黒船が浦賀に来航して日本に開国を迫るまで、日本は封建制度の下で、鎖国政策を敷いていた。そのため、外国文化の影響をほとんど受けることなく、独自の文化を築き上げた。中でも特筆すべきは、武士道精神であった。封建制度が武士道の精神を培《つちか》ったのである。

一九〇〇年（明治三十三年）、新渡戸稲造博士が英語で「武士道」と題する本を出版すると、アメリカはじめヨーロッパ諸国で大いに話題になり、ドイツ語、フランス語、ロシア語、ハンガリー語、中国語などに翻訳された。武士道は、日本特有のものとして世界的に多くの人々の関心と高い評価を得た。

武士道は、人間の上下関係をはじめ、義理、人情、真実、正義、名誉、忠義、克己などを尊重し、自分が仕える大名や目上の人の支配を素直に受け入れる。武士道精神を遵守するためには、自分の命をも犠牲にするほどの勇気を持っていた。ただし、義にかなわないことのために命を捨てるようなことを犬死と称してさげすんだから、命そのものを軽視していたわけではない。また、敵であろうが味方であろうが、弱きを助け、強きをくじく精神を内蔵しており、武士だけでなく、日本民族全体の血の中に染み込んでいた。

ところが、ペリー提督来航の二、三年後に日本は開国し、鎖国政策とともに封建制度も終わりを告げた。それでも武士道の精神は、官庁はじめ一般の会社や団体、さらには家庭の中でも生き続け、西洋の能率主義よりも人間味豊かな年功序列制が優先されていたし、家族制度は日本民族の特質に合った制度として、何ら批判されることなく、維持されてきた。そして、家庭の中にあっては、家長である父親に対する尊敬の念と同時に、父親の権威が保たれ、子どもの父親に対する反抗などはなく、ましてや子どもが父親を殺害するなどということは想像すらできなかった。学校にあっては、生徒は常に尊敬の念をもって先生に接していた。

また、日本民族の性格は、その温和な気候の影響を受けて、極めて温厚であったから、日本は凶悪な犯罪がない平和な国として世界中から好評を博していた。

ところが、一九四五年（昭和二十年）に日本が大東亜戦争に無条件降伏し、連合国軍に占領されるや、日本人の意識は一変した。

敗戦国に戦勝国の文化が流入するのは、歴史の常である。ただ、日本にとっては戦争に敗れて外国軍隊に占領されたのは初めてのことであったから、日本人が受けたショックは大きかった。

人々は、自分たちが行った戦争が悪であり、その延長線上として、少しでも戦争にまつわることは悪いこととみなすようになり、天皇は実権を持たない国家の象徴になった。天皇が日本民族統合の中核であられることには、実質的には少しも変わりはなかったが、家族制度は夫婦制度に置き換えられて、家長であった父親の権威も、学校の先生に対する尊敬の念も霧散してしまった。

それだけではない。諸外国では等しく強調されている愛国心という言葉さえ敬遠され、二〇〇六年に改定された教育基本法も、愛国心という言葉をことさら避けて、「わが国と郷土を愛する態度」と、遠回しな言い方になっている。また、一部の教師は国旗の掲揚や「君が代」の斉唱さえ拒否するという、非愛国的態度を平気でとるようになった。

失われた武士道精神

そのようにして、敗戦まであれほど国民の心に浸透しており、また諸外国の有識者らがいまだに高く評価している武士道精神も日本民族の心から消えてしまった。

一例として、大東亜戦争中に起こったことを挙げてみよう。

イギリスの海軍中尉で戦後外交官に転向したサミエル・フォール卿は、「幸運なるわが人生（My

Lucky Life)」という自伝を出版したが、その中で次のようなことを書いている。

大東亜戦争勃発翌年の三月、彼が乗り組んでいたイギリスの巡洋艦ともう一隻の軍艦がインドネシアのスラバヤ沖で撃沈された。両艦の乗組員四百六十人が二十四時間も漂流していたところへ、日本の駆逐艦「雷《いかずち》」が通りかかった。漂流中の彼らは、「雷《いかずち》」に銃撃されるものと覚悟した。

一方、戦闘海域を航行中の「雷《いかずち》」にしてみれば、敵の潜水艦がどこに潜伏しているか分からず、そのためにいつなんどき機雷攻撃を受けて自分の艦が撃沈されるか分からないから、一刻も早くその水域から脱出しなければならない状況にあった。漂流しているのは敵の水兵であるから、自ら撃沈される危険を冒してまで彼らを救助する義務も必要もないし、そんなことをしたら、艦長は司令官からこっぴどく譴責《けんせき》される恐れさえあった。

それにもかかわらず、「雷《いかずち》」の艦長工藤俊作少佐は、「機関を停止し、敵兵を救助せよ」という命令を下した。異議を申し立てる乗組員がいてもおかしくないが、そんな部下は一人もいなかった。工藤少佐は艦長に就任するや、「鉄拳制裁は厳禁」、「兵が失敗しても決して叱るな」と訓示していたので、乗組員一同はこの艦長のためならいつ死んでもいいと思っていた。それゆえ、彼らはこの命令を喜んで受けた。フォール卿はこうして救助された一人である。

　工藤少佐が海軍兵学校在学中の校長は、終戦時の総理大臣になった鈴木貫太郎提督で、彼は、学生に対して世界平和を維持する見地から「外国人も同胞だ」と教えていただけでなく、歴史、哲学、イギリス人教師による英語、聖書などを勉強するよう訓示していた。

　工藤少佐はその感化を受けた。それにしても、戦域における敵兵の救助という彼の決断は、武士道精神の見事な現れであり、日本の小、中学の教科書に武士道の鑑《かがみ》として掲載されてしかるべきであるにもかかわらず、戦後の日本にはそのような動きは全く見られなかった。

　ところが欧米では、フォール卿の著書だけでなく、アメリカの海軍の機関誌までがこれを特集したくらいである。この点でも、敗戦後の日本人の感覚にはずれがある。

　その根本の理由は、あれほど日本国民の血の中に染み込んでいた武士道精神が、敗戦のショックとともに蒸発してしまったことにある。

　鈴木貫太郎校長は、将来、日本海軍の中堅幹部になる生徒に哲学の学習まで奨励し、訓示していたといわれるが、これも卓見で、影響するところは大きかった。哲学を勉強すると、人生の意義、つまり人間（自分）は何のために生を受け、何のために生きているのかを考えるようになり、人生の霊的側面を重視することになる。その結果、武士道精神の重要性を再認識することになる。

ところが、一九七〇年代からの欧米における世俗化が日本をも毒すようになると、世俗化とは相いれない哲学に対する関心も薄れ、哲学書を読む大学生も少なくなり、世俗主義の立場から人生を見るようになった。

こうして、武士道精神は完全に忘れられてしまった。

大東亜戦争に敗北するまでは、学校で強いものが弱い者をいじめたりすることもほとんどなかったし、たまにいじめられた生徒がいて、うちへ帰って親にそのことを話しても、親は「いじめられて泣いて帰ってくるような意気地なしじゃ駄目だ。将来が思いやられる」と言って励ましていたものである。

ところが最近は、いじめられて自殺するような生徒が続出しているし、いじめる方も三、四人が組んで一人の弱い者をいじめるという卑怯なやり方をする。その場合、教師もいじめられた側を励まして強い人間にしようとはせず、いじめた生徒を呼んで、今後いじめないように注意するのがせいぜいである。生徒にも、教師にも、武士道精神がなくなった証拠である。

家族制度の美点

日本では最近、生活苦から自殺する高齢者が激増している。戦後、家族制度が夫婦制度に置き換えられるまで、このようなことはなかった。親にしてみれば、一人の子どもを一人前の社会人に育てるまでに莫大な精神的、物質的犠牲を払っているのであるから、親が年を重ねて肉体的、物質的に不自由になったときには、子どもが親の面倒を見るのは当然のことである。戦前までの家族制度の下では、この当然のことが、どこからも抵抗を受けることなく、自然に実践されていた。ところが、戦後、家族制度が夫婦制度に変えられてからは、この美風も消えてしまった。

昨今、日本では憲法改正が論議されている。現行憲法は、日本を占領していた連合軍最高司令部が作成した原案に日本政府が多少手を加えて、一九四六年十一月に交付されたものである。日本政府は、その規定に沿って、民法で家族制度を廃し、夫婦制度に切り替えた。したがって、一九五二年四月に占領が解けて日本が主権を回復したとき、日本は憲法を改正して家族制度を復活させるべきであったが、半世紀以上経った現在でもその憲法を保持している。これは、敗戦による日本国民の過剰なショックと同時に、政治指導者らの間に、憲法に関する基本的認識が不足しており、かつ怠慢だったことに原因がある。

　憲法は国家の基本法であり、将来その国家を発展させていく理想像を描き、それに沿うように多くの人々の意見を聞き、検討に検討を重ねた上で起草すべきものであるから、その国家の国民性、歴史、文化などを熟知した識者が起草すべきである。したがって、現在議論されている憲法改正も、外国人が一夜漬けのように起草した憲法にとらわれることなく、むしろ明治憲法を参考にしながら起草すべきである。二〇〇六年に改定された教育基本法も同様で、本来なら一九〇〇年（明治三十三年）に発布された教育勅語を主として参考にしながら改定すべきであった。

　封建制度下の日本では、士農工商と身分がはっきり分かれていて、武士階級は「武士は食わねど高楊枝」といわれたほど世俗的なものから超然としていた。士の次にくる農民は物を生産する階級。その次の工は生産されたものに手を加えて価値を増やす職人。一番下の商は、農民がつくり、職人が手を加えたものを売り買いして儲ける階級であった。したがって、日本国民は封建制度下で育て上げられた士、つまり武士道の精神と相いれない世俗主義を拒否すべきであった。ところが過去二十数年間、日本人も競ってそれを受け入れている。

例えば、他の職よりも少しは武士道精神を持っていてしかるべき防衛事務次官を長年務めた人が、一千万円に上る収賄をしたり、三百年の歴史を持つ和菓子店が、製品の品質や賞味期限をごまかして、少しでも多く儲けようとするようになった。嘆かわしいことである。

指導者的大人物なき日本

政界を見ても、真の指導者がいなくなった。明治維新当時には、先見の明があり、また気骨のある大人物が続出したが、戦後の日本には、敗戦直後の吉田茂首相を除いては、気骨のある真の指導者がいなかった。

過去三十年間、中国政府は折に触れて日本の首相の靖国神社参拝に公然と反対するようになった。日本の首相が、日本国内で、いつどの神社に参拝しようと、それは純然たる国内問題であるから、北京政府の反対は明らかに不当な内政干渉である。中国には、漢民族が主要な中心的地位を占めていて、他の民族は蛮族であるという中華思想がまだ残っていて、漢民族以外を見下げる傾向がある。日本は中国の属国ではないから、中華思想の影響を甘受すべきではないし、首相もそのような内政干渉を許すような卑屈な態度を取るべきではない。ところが、多くの歴代首相は、日中関係を悪化させないため、などという屁理屈をつけて、事実上の内政干渉を受け入れ、日本の守護霊である戦死者らの霊が祭られている靖国神社参拝を自粛している。とんでもない話である。吉田首相であれば、不当な内政干渉だとして、それを無視するか、あるいは逆に、一度参拝するところを二度ないし三度に増やしたであろう。独立国家の指導者には最低このくらいの気骨が必要である。日中関係を悪化させているのは北京政府であって、日本の首相ではないのであるから、日本政府は逆に北京政府に対して内政干渉を慎むよう、説得すべきである。

ところが、日本も世俗化された結果か、あるいは哲学書を読まなくなった世代が第一線に出ているためか、現在の政界を見渡しても、明治維新の元勲《げんくん》のような愛国心や、真に政治的理念および指導力を持ち、清濁併せのむ大人物は見当たらない。政治家の多くは、まず代議士になり、次いで大臣になり、そして総理大臣になろうという大臣病にかかっている小人物しか見受けられない。与党もそうであるが、与党および政府に難癖をつけることしか知らない野党となると、なおさらである。そして、国政の審議と称して、コップの中の嵐のような、つまらぬ政争に明け暮れしている。

現在の世界はもちろん、日本も重大な危機に立たされており、先見の明と気骨のある指導者を必要としている。この危機に際して、そういう人物が見当たらないことは、日本の将来について危惧の念を抱かざるを得ない。

第十三章　恒久平和への道

二十世紀は、三人の賢者の予測が見事に的中して、史上最悪の世紀になった。霊的見地からすれば、その根本の原因は、世界の人々が、自分は何のために生き、何をすべきかという人生の目的や責任を考えず、徒《いたず》らに世俗化されたことにある。人々は、霊および霊的なものと絶縁状態に陥り、この世の調和と均衡と統一と平和とを破壊しようとするサタンに与《くみ》してしまった。

最悪の世紀が残した建設的遺産

二十世紀は最悪の世紀にはなったが、万物の創造主である神の創造計画は依然続けられており、この世を一段と高い調和と秩序と統一と平和へ導くための制度ないし組織がつくられた。

その例として最初に挙げられるのは、第二次大戦が終了するや、イギリス、フランス、ドイツ、スペイン、ポルトガルなどが、アフリカ、アジア、中南米などに持っていた植民地を独立させたことである。日本も満州、朝鮮半島、台湾などを手放した。これによって植民地時代は終わり、植民地獲得戦争の可能性もなくなった。

二番目に挙げるべきは、紛争や戦争を未然に防止する制度ないし組織がつくられたことである。第一次大戦後に創設された国際連盟は、アメリカおよびソ連という当時の有力な国家が参加しなかったために、その機能を十分に発揮することができず、第二次大戦の勃発を阻止できなかった。

第二次大戦末期には、アメリカが中心となって、連盟の欠陥を補った国際連合をつくったが、これは半世紀以上にわたって戦争防止にかなりの役割を果たした。

三番目は、どこかで戦争勃発の可能性が高まると、国連はじめアメリカなどの国際的影響力のある団体や国家が調停に入って、戦争を未然に防ぐ慣習が出来たことである。

四番目は、集団安全保障体制である。その最も顕著な例は、第二次大戦後、膨張主義政策を取るソ連に対して、各個撃破を受けないように、西ヨーロッパ諸国がアメリカ、カナダを加えて結成したＮＡＴＯ（北大西洋条約機構）である。この機構が効果を発揮して、ＮＡＴＯ加盟諸国は独立と安全とを維持できただけでなく、一発も砲火を交えることなく、冷戦をＮＡＴＯ側の勝利に導くことができた。

　また、独裁国家や軍国主義国家が減って、自由主義、民主主義国家が増えたことも、平和を維持する可能性を高めた。世界史を見ても明らかなように、国家間の戦争を起こすのは大抵独裁国家か軍国主義国家である。民主主義国家の政府首脳は、常に国民の意向を尊重しながら政策を立て、それを実施する。国民は元来戦争のためにさまざまな犠牲を強いられることに反対であるから、民主主義国家は戦争を始めることがあまりない。したがって、独裁国家が減って民主主義国家が増えたことは、それだけ戦争が起こる可能性が低くなって、平和が維持される可能性が高くなったことを意味する。

　また、各国が軍縮協定を結び、軍備を縮小することによって戦争の脅威と可能性とを少なくした。核兵器のような大量破壊兵器も出現したが、皮肉なことに、核兵器は、比較的冷静で責任感のある指導者のもとにあっては、逆に戦争抑止力を発揮するものである。四十年間続いた冷戦が熱い戦争に発展しなかった最大の理由も、米ソ両国の首脳が比較的冷静で、責任感もあり、核兵器に戦争抑止力を発揮させたことにある。

しかし、中小国の指導者の中には、冷静でなく、また人類や世界に対する責任感を十分持っていない者もいるし、テロリストはなおさらそうであるから、大量破壊兵器が彼らの手に渡ると、それが使われる可能性が大きい。

そこで、国連は核拡散防止条約をつくった。多数の国々がこれに参加したが、それでもインド、パキスタンが保有するようになったし、北朝鮮も少数ながら保有している疑いが持たれている。北朝鮮のような独裁国家が保有することは危険であるから、大国も含めて核兵器を全廃することが望ましいが、それを全廃すると、核兵器の戦争抑止力が失われることになるから、その前に、安全保障体制を整備しておくことが必要である。

また、経済面をみると、世界銀行、国際通貨基金だけでなく、アメリカ、日本、ヨーロッパの先進諸国などが、開発途上国に経済・技術援助を与える慣習が出来た一方、国連難民救済委員会をはじめ、多くの国際機関が紛争地や開発途上国などの難民に食糧その他の援助を行って、紛争の原因を除去し、調和と均衡をもたらすことに貢献している。

残る地域的紛争の原因

このように、大戦争を含む多くの国際紛争の勃発は阻止できるようになったが、地域紛争の原因はまだ残っており、その課題は二十一世紀に持ち越されたままである。

地域紛争の原因は二つに大別できる。一つは民族、宗教、文化の対立であり、もう一つは少数民族の独立ないし権力闘争である。

前者は二種類に分けられる。一つは一部過激派によるテロである。これは今後十年あまり続くが、それ以後はテロリストが一掃されるから、いずれなくなるであろう。もう一つはバルカン半島、中東、東南アジアなどに残っている民族的、宗教的対立であるが、これらによる紛争はいずれも地域的なもので、大規模に発展する可能性はない。

一方、バルカン半島やインドネシアの東チモールなどで民族、宗教の対立問題が整理され、解決されつつあるから、二十一世紀の半ばには、この種の戦争の原因もなくなるであろう。

アフリカ、アジア諸国をはじめ、南米諸国の中には、独立してまだ日が浅く、政権授受のルールが確立されていない国家もある。そのため、権力闘争、あるいは少数民族の独立運動が内戦に発展するケースが少なくないが、それらも内戦の域を出ない。これら諸国でも、徐々に少数民族の権利を尊重する処置が講じられつつあるから、近い将来、紛争の原因もなくなるであろう。

この他に領土の帰属をめぐる国際紛争があるが、これも、戦争という国運を賭してまで解決しなければならないほど重要なものはなくなった。日本周辺では、北方領土問題、竹島問題、尖閣列島問題などがある。アジア諸国民は面子《めんつ》にこだわるから、これらの問題は、ヨーロッパ連合に類するアジア連合のような政治組織が出来るまでは残るであろう。

グローバリゼーションへの動き

以上に述べた諸々の動きを促進させているのは、グローバリゼーションである。二十世紀後半に技術革新が急速に進んだおかげで、世界中に交通、通信網が張りめぐらされ、それに伴って各国間の経済、文化、人事の交流が盛んになり、国家間の利害関係も複雑に絡み合い、相互依存関係が強化され、世界中の人々の間に運命共同体的意識が広がった。その意味で、現在の技術革新はグローバリゼーションという世界的革命をもたらしつつある。

十八世紀から十九世紀にかけての産業革命は、人間の社会を村落、部落中心から都市中心に変えたが、現在進行中の技術革新は、人間の意識を国家中心から世界中心の調和と秩序と統一へと向かって大きく前進させつつある。

ヨーロッパでは、似通った政治制度を持ち、経済的、文化的水準の格差も少ない二十七カ国（旧ソ連衛星諸国十カ国を含む）が集まって欧州連合を結成しており、これをいずれヨーロッパ合衆国に仕上げて、アメリカ合衆国のような連邦国家にしようというわけである。これによって、これら諸国の経済発展の障害になっていた国境を少しずつ切り崩して、いずれは完全になくすことを目標にしている。その一環として、各国が個別に持っていた通貨を廃止して、ユーロに統一した。このようにして地域的統合を促進させているのである。

この連合の総人口は五億人（二〇〇六年の統計による）で、アメリカの一・五倍以上、国内総生産は十四兆ドルで、これもアメリカの十二兆四千億ドル（二〇〇六年）を超えている。ところが、二〇〇五年五月末にフランス国民が欧州憲法条約の批准に反対したのに続いて、オランダ、その他も批准に反対した。そのために、この動きは一頓挫したが、それでもこの動きを逆行させることはできない

しかし、統合に踏み切った後でも、四十歳以上のフランス人やドイツ人の間には、長年、国

家の枠、つまり国境によって彼らの安全が守られてきたという意識が強く残っている。加えて、使い慣れた自国の通貨であるフランやマルクに愛着を持っている人が多いため、統合にかなり抵抗を感じている人も少なくない。

一方、四十歳以下の人々の間では「私はフランス国民だ」「私はドイツ国民だ」という国家的意識は著しく希薄になり、「私はヨーロッパ人だ」という、一段高い共通した意識が強くなっている。ヨーロッパでは、先見の明がある指導者に恵まれたおかげで、さまざまな抵抗や障害を乗り越えて統合と単一通貨に踏みきれたのである。そのおかげで、ヨーロッパ連合内での戦争の可能性はなくなった。

同じような動きは、程度の差こそあれ、北アメリカ、南アメリカ、アフリカ、東アジア、東南アジアでも見られる。

しかし、東アジアの場合には、他の地域と異なって、統合は極めて困難である。ヨーロッパ連合の場合には、参加各国はいずれも民主主義国家であり、彼らは各国が平等であるという概念の上に立って統合できた。したがって、各国は平等に自らの主権を制約したのである。その意味で、参加各国は、その主権を発展的に制約して、自らの意志で統合したわけである。

一方、アジアには人口が日本の十倍以上もある中国が共産党一党独裁国家として存在し、かつそれは覇権主義的意識を秘めており、民主主義体制を取る他の国々と相いれない。しかも、中国が近い将来、民主主義国へ移行する可能性も低い。加えて、中国には先に述べた中華思想が根強く残っている。そのために、中国国民には国家間の主権の平等という概念が乏しく、アジアの統合ないし連合は、中国が中心的役割を果たすべきであるという考えが強い。それは、日本の首相の靖国神社参拝反対だけでなく、日本が国連安保理常任理事国になることに反対するという姿勢にも表れている。これでは中国を含むアジア連合は出来ないし、中国を除外した連合をつくろうとしても、中国はそれを妨害するであろう。

それだけではない。中国政府は過去十数年にわたって、日本やアメリカから見て理解に苦しむほど軍備を増強している。しかも、国内には他の国々には見られないほど多くの深刻な問題を抱えており、そのために民衆は年に十二万件以上の暴動を起こしている。近い将来、台湾を武力によって合併しようとするか、近隣諸国に対して軍事的侵略を企てて、国民の目を内政から国際問題に転じさせる挙に出る可能性もある。つまり、中国は現在および近い将来、アジアの平和と安全にとって脅威になっているのである。

アジアを除く世界的な統合の動きは、従来の調和、秩序を破壊するものではなくて、参加各国の自発的意志によって、一段と高い、よりすぐれた調和と秩序と統一へと発展させるものである。

このようにしてグローバリゼーションが進み、地域的統合から世界的統合へと進むと、世界連邦政府のような世界的機構が必要になり、やがて国家は不必要になって、徐々にその在り方を変えつつ、発展的解消へ向かうであろう。世界は今、その方向に進みつつある。

国家というものは、人類の歴史のある一時期にのみ必要な政治形態であって、人類の最終目的ではない。国家が出現した理由は、国民の生命と財産を保護するためであり、現代でも国家の最大の任務は国民の生命と財産を保護すること、そのために国家の独立と安全とを守ることにある。したがって、外敵が攻めてくる可能性があったり、国内の治安を大幅に乱す者がいる限り、国家は必要であるが、それらがなくなれば、国家の存在価値は小さくなり、国家は徐々に発展的解消を遂げることになる。ヨーロッパ域内では、すでにこのような段階に達しているのである。

しかし、さまざまな特徴を持った多くの民族、文化は消滅することはない。それらはそれらなりに栄えていくであろう。現在のアメリカでは、さまざまな民族が共存していて、彼ら固有の文化が華を咲かせている。その意味で、現在のアメリカは将来の世界の縮図であるといえよう。

今世紀後半に恒久平和が到来

グローバリゼーションが進むと、世界は政治的、経済的、軍事的、外交的、また心理的に、一段高い調和と秩序と統一の段階に入る。同時多発テロは、結果的には、このような新しい世界情勢の実現に拍車をかける結果になった。あの事件がなかったら、世界情勢はこのように急激には進展しなかったであろう。

このように見てくると、二十一世紀の半ば頃から後半にかけて、戦争がない平和な時代が到来すると言って間違いないであろう。ただし、国際機関、組織、制度、条約などによってもたらされる平和は、戦争がないという意味での平和であって、テロ、殺人、強盗、強姦などの凶悪犯罪、飢餓などが起こる可能性を多分に残している。ゆえに、治安維持のための軍事力や警察力は必要とされるから、天国のような平和ではない。天国の平和は、天の理法が行き渡り、かつ隣人に対する愛にあふれ、それらによって維持され、生命力、発展性、喜び、幸福感などにあふれた平和で、そこには軍事力も警察力も存在しない。

すでに指摘したように、戦争、テロ、権力闘争、凶悪犯罪などは、人間が起こすものであって、武器や爆弾はそれを遂行するための道具にすぎないから、たとえ武器や爆弾を全廃しても、人間が戦争やテロや凶悪犯罪を起こそうと思えば、現在の知識と技術と産業施設をもってすれば、武器や弾薬は容易につくれる。万一、武器などをつくれないようにしても、テロや凶悪犯罪は台所の包丁や野球のバット、時には素手でもできる。

ところが、大部分の人間が常に善良で、平和的で、隣人愛に満ちていれば、武器があってもそれを使おうとはしない。逆に、一部独裁国家の指導者のように、戦争やテロの意図を秘めている者がいる限り、平和愛好国であっても脅威にさらされる。

天国のような恒久平和は、法律や規則や恐喝などによってではなくて、愛の力によって維持されるから、この世に真の平和を実現するには、指導者をはじめ、多くの人々が霊的に目覚め、愛の人間にならなければならない。

そのためには、どうすればいいのだろうか。

愛なる神は人間を愛なる人間としてつくられたのであるが、一部の人がサタンの影響を受けて暴力を使い、戦争やテロを起こすようになった。したがって、人間が暴力と無縁な愛の人間に戻れば、真の平和が実現するはずである。別の角度からいえば、もう一度霊的になって、天の理法に忠実な人間に戻ることである。少数の人々がそうなっただけでは不十分で、大部分の人がそうならなければならない。そうなればサタンに付け込まれるすきを与える人もいなくなり、サタンは自然に消滅せざるを得なくなる。

ニーチェの言葉を借りるまでもなく、人類は十九世紀から二十世紀にかけて、神と絶縁してしまった。ことに自然科学万能時代の三百余年間を通して、人間は霊的でなくなり、神にそっぽを向いてしまった。つまり、世俗化したのである。そこでもう一度霊的に目覚め、愛の人間になれば、人々は知らず知らずのうちに恒久平和への道を進んでいくことになる。現在、徐々にその傾向が現れている。

霊的になるには何をすべきか

すでに述べたように、二十世紀の最後の二、三十年間に、最先端をいく宇宙物理学者、天文学者らの多くは、宇宙や天体には知性と意志があるという認識を持つようになったし、生物学者、哲学者の間からは知的設計理論が出てきている。

前述したが、アメリカの精神科医であり、かつ哲学者でもあるレイモンド・ムーディ博士は、彼の研究成果として「かいまみた死後の世界」という著書を一九七五年に出版しており、ヘレン・ワムバック博士は、一九七八年に「過去生の再生～催眠術下で得た証拠（Reliving PastLives：TheEvidenceUnderHypnosis）」を、またトロント大学のジョー・ホイットマン教授とジョー・フィッシャー氏は、一九八六年に「輪廻転生」を、さらにマイアミ大学のブライアン・ワイズ博士は、一九八八年に「前世療法」をはじめ、数冊の著書を出版している。また、憑依霊の除去を専門にしている臨床心理学者エディス・フィオール博士は、その研究成果を「騒々しい死（TheDisquietDeath）」と題して出版している。

このように、自然科学者である彼らの研究結果は、いずれも霊および霊的現象を認め、神を認める方向に進みつつある。これらの著書の多くがベスト・セラーになって、大衆の興味と関心とを集め、多くの人々を不知、不識のうちに霊的に目覚めさせつつある。

二十世紀最後の三十年間は、多くの国々で世俗化に拍車がかかった半面、自然科学者の間では、神の再発見と霊の研究の黎明期を向かえたのである。このような傾向は今後も続き、それが一般の人々にも影響するし、これらの人々も、自分の霊の在り方と死後の永住地である霊界について真剣に考えるようになるであろう。その必然の結果として、現代人も数千年前の人々のように霊的になり、神の理法に忠実になり、地上にも神の御心《みこころ》が行き渡っている天国を実現させるであろう。

そうなれば、サタンは完全に敗北する。そのため、サタンは目下、最後のあがきであるかのように、必死になって、それを阻止しつつある。これまでに見てきた世俗化やテロが、それを物語っている。サタンとしては、自然科学者らを誘惑することが難しいために、主として聖職者や裁判官、マスコミなどに働きかけているのである。

アメリカの大衆の中にも、彼らの手に乗らず、激しく抵抗している人々が多くいる。そういう人々が今後さらに増えるであろうから、サタンの最後のあがきも失敗に終わり、最後には亡《ほろ》んでいかざるを得ない宿命にある。

霊の世界的研究センターの創設

われわれとしては、そのような時期が一日も早く来るよう、努力しなければならない。そのためには、最先端を行く自然科学者だけでなく、心理学者、哲学者、宗教家、さらにはすぐれた霊能者らの知恵と研究成果とを結集させた権威のある霊の世界的研究センターを設け、その研究をさらに発展させるとともに、その成果を一般市民に分かち合えるような態勢を整えることが望ましい。

現在、世界各国の中学校、高校、大学には、人間の主体である霊ないし霊魂に関する科目がない。こう言うと、心理学、倫理学、論理学があるではないかと言う人もいるであろうが、これらは霊の作用ないし機能に関する学問、つまり霊が着用している衣服ないし霊がその意志を実行するために使用する道具に関する科目であって、人間の主体である霊そのものに関する学科ではない。

また、精神医学、精神病理学なども、人間の霊それ自体に関する科目ではなくて、霊の一面、または霊の機能的側面である心や精神の在り方、働きに関する科目である。したがって、中学、高校、大学などの生徒や学生は、霊に関する的確な知識を持ち合わせていない。

こうして、霊に関する研究センターをつくって、本書で取り上げた諸問題、つまり霊の発生、霊の進化、霊と肉体との関係、霊界の実情、霊界にいる霊と人間との関係、輪廻転生、中間生などを、組織的、科学的に研究して、中学、高校、大学などで使う霊に関する権威のある教科書を編纂し、それを学校で使うようにすることが望ましい。そうすれば、当然のことながら、神との結びつきが出てくる。一方、世俗化してサタンの手先となっている人々が、政教分離を楯に、これに猛烈に反対することが予想される。

しかし、人間の霊は、人間の出現と同時に出来たものであって、それはユダヤ教、キリスト教、イスラム教などのような啓示宗教だけでなく、仏教、ヒンズー教など、あらゆる宗教が制度化されるはるか以前からあるものである。ゆえに、政教分離の原則を持ち出して霊に関する科目に反対することは、当を得ているとはいえない。つまり、霊に関する科目を学校で教えてはならないという理屈は成り立たない。

霊に関する知識が一般化すれば、必然的に人間は隣人だけでなく真、善、美、聖を愛し、偽、悪、醜、俗を遠ざけるようになるから、地上は真実を愛する善人で満たされ、お互いに自分の利益を主張せず、隣人や社会に対する義務を尊重し、彼らに優先的に奉仕するようになろう。

そして一段高いすぐれた調和と秩序と統一がとれた発展性のある平和が実現して、戦争、テロ、犯罪、飢餓、疾病などはなくなり、どの国家も軍備を持つ必要がなく、法律も大幅に減り、弁護士の数も少なくなるし、警官も必要でなくなる。

こうして世界の人々は、相互に助け合いながら和気藹々《あいあい》と暮らしていけるようになり、神の計画は実現するであろう。

おわりに

本書には、筆者が霊界にいる教助霊から啓示という形で教えてもらったこと、したがって、これまで誰も書いたことのないことを随所に記してある。人間の創造過程や霊の進化などが、その例である。

ところで、筆者に啓示を送って下さった教助霊は名乗らないから、誰の霊であるかは判明しないが、複数であることは間違いない。そしてその中に、筆者の学生時代からの親友、相浦忠雄君の霊が含まれていると確信している。

大東亜戦争勃発の二年前から、筆者はしばしば吉祥寺に彼を訪ね、彼とさまざまな問題について論じ合った。彼が得意とする話題は、神とはどういう存在であり、人間は何のために生きているのかなどで、そういう問題になると、彼の目は輝き、時間が経つのも忘れて、喜々として論じていた。

東大法学部の学生時代に高等文官試験に合格した彼は、卒業後、大蔵省勤務という最高のエリート・コースを歩んでいたが、戦争が始まるや、主計中尉として海軍に入り、本省詰めになっていた。ところが、友人たちが身の危険を冒して第一線で活躍しているのに、自分だけが安全な所で勤務しているわけにはいかないと言って、上司に第一線に出してもらうよう要請し、輸送艦に搭乗していたが、東シナ海で撃沈され、艦と運命を共にした。日本は惜しい人物を失ったものである。

彼が生き延びていれば、将来は大蔵政務次官、あるいは大臣は間違いないと思われたが、筆者の推測では、彼はそのような世俗的な出世にはあまり関心がなかったから、おそらく、神から与えられた任務である、人間の心を根底から変える宗教家、すなわち〝第二の内村鑑三〟になっていたであろう。ところが、予想外に早く霊界入りしたため、啓示という形で人間界にいる筆者に、さまざまなことを教え、その任を少しでも果たそうとしているように思われる。

本書はこのようにして書かれたものであるから、筆者はある意味で彼の啓示を読者の皆様に伝える伝達者の役をしている感じがしている。それゆえ、本書を彼との共著にしたかったほどである。そのことを記して、彼の霊に感謝したい。

なお、今回、旧友で世界の環境、平和、文教などに関する未来を構想する地球市民機構の創始者、大脇潤一郎氏のご紹介と、株式会社たま出版専務取締役である中村利男氏のご熱意とによって、本書の出版が可能になったので、両氏に御礼を申し上げたい。

平成二十一年七月

筆者識

〈著者プロフィール〉

那須　聖（なす　きよし）

米国カリフォルニア州生まれ。６歳の時、東京に移住。翌年、関東大震災を体験。神戸に移り、関西学院大学で心理学を専攻。当時から心理学界で異端視されていた霊を研究対象にする超心理学の研究を始める。

卒業後、東京帝国大学航空研究所で、航空心理学の研究に従事。真珠湾奇襲攻撃直後に陸軍に応招。

戦後、毎日新聞社に入社。コロンビア大学に留学、国際関係論を専攻。ニューヨーク、ワシントン特派員、論説委員などを歴任。

退社後、ニューヨークで外交評論家として新聞、雑誌などに寄稿する傍ら、各地で講演を行い、現在に至る。この間、吉田茂首相をはじめ、９名の日本の首相と対談。著書多数。

霊の正体

2009年９月15日　初版第１刷発行

著　者　那須 聖
発行者　韮澤 潤一郎
発行所　株式会社たま出版
〒160-0004 東京都新宿区四谷4－28－20
☎ 03-5369-3051（代表）
FAX 03-5369-3052
http://tamabook.com
振替　00130-5-94804

印刷所　株式会社エーヴィスシステムズ

ISBN978-4-8127-0291-8　C0011